Federico Meloni | Jana Meloni

111 Orte auf Sardinien, die man gesehen haben muss

111

emons:

Bibliografische Information der Deutschen Nationalbibliothek
Die Deutsche Nationalbibliothek verzeichnet diese Publikation in der Deutschen Nationalbibliografie; detaillierte bibliografische Daten sind im Internet über http://dnb.d-nb.e abrufbar.

Gestaltung: Eva Kraskes, nach einem
Konzept von Lübbekę | Naumann | Thoben
Kartografie: altancicek.design, www.altancicek.de
Kartenbasisinformationen aus Openstreetmap,

Druck und Bindung: CPI – Clausen & Bosse, Leck
Printed in Germany 2022
ISBN 978-3-7408-1469-4

Vorwort

Sardinien ist *das* Reiseziel für Liebhaber des Mittelmeerraums, zwölf Kilometer von Korsika und nur 185 Kilometer von Afrika entfernt. 300 Tage Sonne im Jahr, malerische Küstenlandschaften und atemberaubende Küstenabschnitte und Strände wie Costa Rei, La Pelosa, Chia, Costa Smeralda, Is Arutas oder La Maddalena haben die Insel mit ihrer unverwechselbaren Schönheit zur Karibik Europas gemacht. Die Strände bieten unterschiedliche Formen und Farben, feinen, weichen Sand oder bunte, abgerundete Quarzkörner, Reiskörnern ähnlich, die sich im kristallklaren smaragdgrünen oder hellblauen Wasser spiegeln. Dieses wundervolle Paradies steht unter strenger Beobachtung von etwa 4,7 Millionen Schafen, denn diese sind die Stars der traditionellen Viehzucht. Das sardische Schaf zählt zu den besten Milchrassen der Welt. Bereits vor ungefähr 3.500 Jahren zogen die Hirten der Nuraghenkultur mit ihren Herden über die Insel. Die Herstellungsverfahren des berühmten Pecorinos haben sich seither nicht wesentlich verändert, abgesehen von modernen Geräten.

Eine Insel mit jahrtausendealter Tradition, die von dem stolzen sardischen Volk heute noch gelebt wird. Für Sarden ist die Insel nicht nur ihre Heimat, ihre Verbindung geht viel tiefer. Sie bezeichnen sich als »Shardana – Popolo del mare«, Volk des Meeres, so wie es bereits ihre Vorfahren um 5000 vor Christus taten. Sarden sind anfangs sehr reserviert, doch wenn sie ihr Herz öffnen, ist es für immer. Würde und Ehre sind ihnen heilig. Der Charme und die Herzlichkeit der Sarden sind unbeschreiblich, und ihre Gastfreundschaft und Großzügigkeit übersteigen jegliche Vorstellungskraft. Wer Sardinien besucht, macht keinen gewöhnlichen Urlaub, sondern begibt sich auf eine Reise durch Kultur und Geschichte, begleitet von einzigartigen Landschaften und traumhaften Küsten. Lasst euch darauf ein!

111 Orte

1 Das Lunanoa Café | Aggius
Die Bar mit der besonderen Aussicht | 10

2 Littos Laboratorio | Alghero
Das etwas andere Textilgeschäft | 12

3 Das Baumhaus | Allai
Nicht nur für Kinder! | 14

4 Die Dünen von Piscinas | Arbus
Europas zweitgrößte Sanddünen | 16

5 Das Messermuseum | Arbus
Das größte Klappmesser der Welt | 18

6 Das Kastaniendorf | Aritzo
Große Vielfalt an Spezialitäten | 20

7 Der Pontile Enichem | Assemini
Die große Stahlklinge über dem Meer | 22

8 Sa Crabarissa | Austis
Eine tragische Liebesgeschichte | 24

9 Die älteste Eibe | Badde Salighes
Besuch im größten Eibenwald Italiens | 26

10 Der Tronco Romantico | Badesi
Der etwas andere Laufsteg | 28

11 Die Hochebene Su Golgo | Baunei
Wilder geht's nicht | 30

12 Die Villa Piercy | Bolotana
Aus Liebe zu Sardinien | 32

13 Das Gigantengrab | Borore
Monument der Bonnanaro-Kultur | 34

14 Die Regenbogentreppe | Bottidda
Die Verbindung zwischen Himmel und Erde | 36

15 Die Naturtherme | Bultei
Balsam für Körper und Seele | 38

16 Der 1.000-jährige Wald | Bultei
La foresta Sa Fraigada | 40

17 Das Castello di Burgos | Burgos
Die Burg im Dorf | 42

18 Das älteste Weingut | Cabras
124 Jahre Geschichte | 44

19 Der Reisstrand | Cabras
Is Arutas | 46

20 Die Antica Hostaria | Cagliari
Das älteste Restaurant der Stadt | 48

21 Das Antico Caffè | Cagliari
Das historische Glanzlokal | 50

22 Die Ex Tipografia | Cagliari
Von der Druckerei zu kulinarischen Köstlichkeiten | 52

23 Die Grotta Marcello | Cagliari
Vom Bunker zum Nobelrestaurant | 54

24 Das Sardissimo | Cagliari
Kulinarische Reise durch Sardinien | 56

25 Der Tabakladen | Cagliari
Eine Familiengeschichte, die 1922 begann | 58

26 Das B&B Littu | Cala Gonone
Das authentische Bed and Breakfast | 60

27 Der Elefantenfels | Castelsardo
Die besondere Felsformation | 62

28 Die Stadt der Handwerkskunst | Castelsardo
Ein malerischer Ort mit viel Charme | 64

29 Das Castello Etzu | Cuglieri
Die Gesänge des Geisterschlosses | 66

30 Die Kapelle La Madonnina | Cuglieri
Ein kleiner religiöser Ort in den Bergen | 68

31 Das Dorf der Tracht | Desulo
Sardische Authentizität wird hier großgeschrieben | 70

32 Das Nuraghendorf Tiscali | Dorgali
Die Siedlung aus der Bronzezeit | 72

33 Die alte Wassermühle | Fluminimaggiore
Mechanische Mahltechnik aus dem Jahr 1750 | 74

34 Der Tempel von Antas | Fluminimaggiore
Vom punischen zum römischen Tempel | 76

35 Der höchstgelegene Ort | Fonni
Mitten im Nationalpark Gennargentu | 78

36 Der Monte Bruncu Spina | Fonni
Perle des Gennargentu-Gebirges | 80

37 Die Kupfermine | Gadoni
Eine der reichsten Kupferlagerstätten Europas | 82

38 Das Geisterdorf | Gairo Vecchio
Es war einmal … | 84

39 La Dolce Vita | Ghilarza
Süße Verführung par excellence | 86

40 Die Tomba di San Cosimo | Gonnosfanadiga
Das besondere Gigantengrab | 88

41 Der Staudamm | Gusana
Ein einzigartiger Aussichtspunkt | 90

42 Das Bergwerk Montevecchio | Guspini
Die verlassene Welt | 92

43 Il Gatto in Tazza | Iglesias
Der schnurrige Cappuccino | 94

44 Die Eselsbrücke | Illorai
Das Erbe aus der Römerzeit | 96

45 Das Bergwerk | Ingurtosu
Von glorreichen Zeiten zum verlassenen Dorf | 98

46 Die Thunfischfabrik | Is Motorius
Von der Produktionsstätte zum Militärabwehrposten | 100

47 Der Parco Aymerich | Laconi
Ein von Wasser geprägter Park | 102

48 Das Dorf der Masken | Mamoiada
Geprägt von uralten Bräuchen und Ritualen | 104

49 Die Lagune von Marceddì | Marceddì
Der perfekte Aussichtspunkt | 106

50 Die Brücke von Mari Ermi | Mari Ermi
Die romantische Strandoase | 108

51 Das Honigparadies | Marrubiu
ApinatH Miele di Sardegna | 110

52 Der Parco di Zuradili | Marrubiu
Der perfekte Startpunkt | 112

53 Der Pan di Zucchero | Masua
Der riesige Zuckerhut | 114

54 Der Palazzo Boyl | Milis
Ein Adelspalast mitten im Dorf | 116

55 Der Traditionsgarten | Milis
S'Ortu de is Paras – Bosco di Villaflor | 118

56 Der Monte Arci | Morgongiori
Das erloschene Vulkanmassiv | 120

57 Die Lagune von Nora | Nora
Das Naturschauspiel | 122

58 Der Belvedere Salvatore Sini | Nuoro
Traumhafte Aussicht mitten in der Stadt | 124

59 Das Geburtshaus | Nuoro
Grazia Deledda und ihr Weg zur Schriftstellerin | 126

60 Il Redentore | Nuoro
Der berühmte Zeh | 128

61 La Cantina Oliena | Oliena
Der besondere Rotwein | 130

62 Die Stadt der Revolution | Orgosolo
Jedes Wandgemälde übermittelt eine Botschaft | 132

63 L'Oasi Biderosa | Orosei
Die Perle von Orosei | 134

64 La Palude di Osalla | Orosei
Biologische Vielfalt, so weit das Auge reicht | 136

65 Der Aussichtspunkt | Orroli
Der verborgene Schatz | 138

66 Die Nuraghenzimmer | Oschiri
Die etwas andere Übernachtungsmöglichkeit | 140

67 Il Ponte Diana | Oschiri
Die unsichtbare Brücke | 142

68 Die Masken von Ottana | Ottana
Caratzas – Boes e Merdules | 144

69 Das Dorf des Brotes | Ovodda
Spitzenreiter ist das berühmte Pane Carasau | 146

70 Die Höhle von San Michele | Ozieri
Abstieg in die Dunkelheit | 148

71 Il Pont'Ezzu | Ozieri
Die römische Verbindungsbrücke | 150

72 Das Dorf der 100-Jährigen | Perdasdefogu
Die älteste Familie der Welt | 152

73 Die Insel San Macario | Pula
Abwehrturm und Thunfischlager | 154

74 Das Dolce & Salato | Riola Sardo
Die außergewöhnliche Konditorei | 156

75 La Lavanda di Elvio | Riola Sardo
Die magischen Düfte des Lavendels | 158

76 Der Naturbogen | S'Archittu
Der perfekte Ort für einen Heiratsantrag | 160

77 Die Cascata di San Valentino | Sadali
Der besondere Wasserfall | 162

78 Der Valentinsweg | Sadali
Parcours mit Herz | 164

79 Das Sardinia Radio Telescope | San Basilio
Die drittgrößte Schüssel Europas | 166

80 Das Wandgemälde | San Gavino Monreale
Im Gedenken an »Skizzo« | 168

81 Der Turm von San Marco | San Giovanni di Sinis
Die Sinis-Halbinsel – ein Naturparadies | 170

82 Das Coltstrumpfband | San Salvatore di Sinis
Das kleine »Far West« der 60er Jahre | 172

83 Il Giardino Fantastico | San Sperate
Ein Garten voller Kuriosiäten | 174

84 Der Klanggarten | San Sperate
Skulpturen im ehemaligen Zitrushain | 176

85 Der Damm von Santa Chiara | Santa Chiara
Eingeweiht von König Vittorio Emanuele III. | 178

86 Die Isola dei Sapori | Santa Sofia
Das einzigartige Trüffelerlebnis | 180

87 La Cascata Sos Molinos | Santu Lussurgiu
Der idyllische Wasserfall | 182

88 Die Destillerie | Santu Lussurgiu
Eine im Keller entstandene Idee wird Wirklichkeit | 184

89 Das verlassene Hospital | Santu Lussurgiu
Auf Geisterjagd zwischen chirurgischen Werkzeugen | 186

90 Der Lago di Baratz | Sassari
Der einzige natürliche See Sardiniens | 188

91 Die Antiochusquelle | Scano di Montiferro
Wie ein kleiner botanischer Garten | 190

92 La Rocca | Sedini
Das Feenhaus mitten im Ort | 192

93 Die Flumendosa-Brücke | Seulo
Das symbolische Bauwerk | 194

94 Die Straße der Schilder | Silanus
Rot und Weiß, so weit das Auge reicht | 196

95 Das Castello di Acquafredda | Siliqua
Die Burg auf dem Vulkan | 198

96 Das Castello di Sassai | Silius
Die Legende vom goldenen Webstuhl | 200

97 Il Faro di Capo Comino | Siniscola
Der weiße Leuchtturm | 202

98 Der Lago Mulargia | Siurgus Donigala
Ein Ort, der die Seele reinigt | 204

99___ La Regina della Pace | Talana
Die Treppe der Beichte | 206

100___ Der Sternzeichen-Brunnen | Tinnura
Das Element Wasser steht im Vordergrund | 208

101___ Der Torronificio Pruneddu | Tonara
Auf den Spuren des Torrone | 210

102___ Der walförmige Fels | Torre del Pozzo
Mit jeder Flutwelle stößt er eine Fontäne aus | 212

103___ Die Faraglioni von Cea | Tortoli
Die majestätischen roten Felsen | 214

104___ Il Torre di San Gemiliano | Tortoli
Ehemaliger Verteidigungsturm | 216

105___ Le Cascate di Lequarci | Ulassai
Das Naturwunder | 218

106___ Cuore Mio | Ulassai
Das etwas andere Ortsschild | 220

107___ Die Gola di Gorropu | Urzulei
Die tiefste Schlucht Europas | 222

108___ Sa Portiscra | Urzulei
Eine mystische Oase mitten in der Natur | 224

109___ Das öffentliche Waschhaus | Villacidro
Ort für soziales Miteinander | 226

110___ Sa Spendula | Villacidro
Der Wasserfall schlechthin | 228

111___ Die Naturschwimmbäder | Villagrande Strisaili
Bau Mela, das versteckte Juwel | 230

1 Das Lunanoa Café

Die Bar mit der besonderen Aussicht

Ein Kaffee oder ein kühles Bier – das klingt immer gut, doch beides bei dieser besonderen Aussicht zu genießen scheint noch verlockender. Im Valle della Luna zwischen Tempio Pausania und Aggius an der SP 74 gelegen, erwartet das Lunanoa Café seine Gäste mit einem atemberaubenden Blick ins Tal und auf die Felsformation Testa Moai, eine einzigartige, von der Natur geschaffene Skulptur, sowie auf die Nuraghe Izzana. Neben tollen Drinks wie dem Mirto-Spritz serviert das Lunanoa Café kleine Köstlichkeiten wie die lokale Käseplatte. Und wenn es etwas Erfrischendes sein soll, ist das leckere Eis zu empfehlen, das noch mit von Hand gemolkener sardischer Milch hergestellt und auf althergebrachte Weise serviert wird. Das Café ist nicht groß, aber der perfekte Ort für eine Pause und eine Kontaktaufnahme mit den Einheimischen.

Die Lage bietet mehrere Ausflugsmöglichkeiten. 13 Kilometer entfernt liegt Tempio Pausania, die größte Stadt im Umkreis mit knapp 14.000 Einwohnern und einer malerischen Altstadt mit Granithäusern und Pflastersteinen. Optimal für eine ausgiebige Einkaufstour, denn die zahlreichen Boutiquen bieten für jeden Geschmack etwas. Die Stadt ist berühmt für ihre Granit- und Korkverarbeitung, für ihre Weine (Vermentino, Karana und Moscato) und für den allegorischen Karneval »Lu Carrasciali Timpiesu«, der jährlich fast 100.000 Besucher anzieht. Mitte Juli findet außerdem der internationale Folklore-Kongress statt, denn in Tempio gibt es eine elegante und wertvolle traditionelle Frauentracht. Richtung Aggius führt die Straße wiederum direkt zu den schönen Stränden von Badesi. Der lange Strand geht im Norden in den Strandabschnitt Li Feruli und im Süden in die Strände von Baia delle Mimose, Foce del Coghinas und San Pietro a Mare über.

Eine kleine Bar mit großen Möglichkeiten und einer idyllischen und unvergesslichen Lage.

Adresse SP 74, 07020 Aggius | **Anfahrt** SS 131 Carlo Felice bis SS 729 in Codrongianos folgen, Ausfahrt Olbia / Aeroporto / Tempio Pausania, SS 672 Sassari – Tempio, SP 92 und SP 58 bis SP 74 in Aggius | **Öffnungszeiten** Mo – Mi 7 – 21.30 Uhr, Do – So 8 – 23 Uhr | **Tipp** Die Nuraghe Majori ist die wichtigste und bekannteste in der Gallura. Sie befindet sich zwei Kilometer von Tempio Pausania entfernt in der Ortschaft Conca Marina.

2 Littos Laboratorio

Das etwas andere Textilgeschäft

In der malerischen und historischen Stadt Alghero, die auch als Hauptstadt der Korallen bekannt ist, versteckt sich in der schönen Altstadt ein ganz außergewöhnliches Textilgeschäft. In einer Gasse aus Pflastersteinen, der Via Ambrogio Machin, befindet sich in der Hausnummer 47 ein lang gezogener Laden, der mit seiner bogenförmigen Decke aus rötlich ockerfarbenen Steinen zu einem Hingucker wird. Beim Betreten fällt einem gleich etwas Einzigartiges auf, nämlich ein antiker Holzwebstuhl aus dem 9. Jahrhundert. Das Erstaunliche ist, dass all die schönen Artikel, die erst im zweiten Moment auffallen, mit diesem Webstuhl gemacht wurden.

Angeboten werden typische sardische Bettwäsche, Kissen- und Bettbezüge, Taschen, Stuhlbezüge, Gardinen und vieles mehr. Alles Handarbeit! Alle Produkte zeugen von großer Leidenschaft, Sorgfalt und vor allem Hingabe für die Webkunst. Es ist beachtlich, wie viel Arbeitszeit hinter diesen Kunstwerken steckt, und es ist eine Freude, den Meister bei der Arbeit zu beobachten. Sieht man sich das fertige Kunstwerk genauer an, ist die Liebe zum Detail und zur Perfektion sofort zu erkennen. Tonello ist ein ganz besonderer Mensch, ein Liebhaber der Natur, der Kunst, der Fotografie und der Musik, ein sympathischer Kerl und ein Meister seines Faches. Er führt mit Sicherheit das beste Webwarengeschäft an der ganzen Küste. Und die Freude, wenn man sich bei Tonello Mulas etwas gegönnt hat, wird draußen noch vermehrt, denn nur wenige Meter entfernt liegt die Strandpromenade von Alghero mit ihren zahlreichen Cafés.

Alghero ist mit seinen 44.000 Einwohnern die fünftgrößte Stadt Sardiniens. Die ungefähr 90 Kilometer lange Küste trägt den Namen Korallenküste, denn hier gibt es die größte Kolonie der erlesensten Korallen. Der wohl reizvollste Teil der Stadt ist die Altstadt: ein zauberhaftes Labyrinth aus kleinen Gassen.

Adresse Via Ambrogio Machin 47, 07041 Alghero | Anfahrt SS 131 Carlo Felice bis Macomer, SP 44 bis SS 292dir Nord Occidentale Sarda und dieser bis Alghero folgen | Tipp Die Bar Pasticceria Ciro in der Via Sassari 35 / B ist ein tolles kleines Café mit einer ausgezeichneten Auswahl an italienischen Kuchen und Gebäck.

3 Das Baumhaus

Nicht nur für Kinder!

Wer hat nicht schon einmal von einem Baumhaus geträumt? Sicher hat jedes Kind mindestens ein Mal im Leben den Wunsch, mit Freunden ein solches zu bauen, bunt, mit einer großen Treppe und einer Lichterkette, die das Häuschen abends besonders gemütlich erscheinen lässt.

Wenn auch nicht selbst gezimmert, so gibt es in Allai doch die Möglichkeit, sich diesen Traum zumindest für einen Tag zu erfüllen. Mitten in der malerischen Natur am Dorfrand von Allai am Ufer des Flusses Massàri liegt dieser abenteuerliche und romantische Ort. Eine Freude für Kinder und Erwachsene, denn das Baumhaus ist satte zwölf Meter hoch und erstreckt sich über drei Etagen. In der unteren Etage steht eine riesige Holzschaukel, auf der drei Kinder gleichzeitig schaukeln können. In der mittleren Etage erwartet den Besucher ein schöner Aussichtsplatz mit märchenhaftem Blick, eingehüllt in Bambus. Die erholsame Ruhe wird von dem Gesang der am Fluss lebenden Vögel begleitet. Die Hütte des Baumhauses befindet sich in der dritten und letzten Etage und ist sicher die Hauptattraktion. Hier sind die Kinder nicht so schnell wieder herauszulocken. Aber das macht nichts, denn auch an die Erwachsenen wurde gedacht: Direkt vor dem Baumhaus wurde ein wunderschöner Picknickplatz mit Holzbänken und -tischen angelegt. Die Konstruktion ist übrigens das Ergebnis eines architektonischen Experiments, sie sollte als Beispiel für funktionale Landschaftsmöbel dienen.

Allai ist ein Ort mit gerade einmal 360 Einwohnern, weit weg vom Meer, mitten in der Natur und mit langer Geschichte. Denn nicht weit entfernt befindet sich eine römische Brücke aus dem Jahr 440 nach Christus, die mit sieben Rundbögen den Fluss überspannte. Sie ist sehr schön anzusehen, genauso wie das Museo Civico im Dorfzentrum, in dem zahlreiche Gegenstände der sardischen Kultur der letzten Jahrhunderte ausgestellt sind.

Adresse Sponda del Rio Massàri, 09080 Allai | Anfahrt SS 131, Ausfahrt Paulilatino, links auf Viale della Libertà / SP 11, nach 9,5 Kilometern rechts auf SP 23, Via Provinciale 23 bis SS 388 del Tirso e del Mandrolisai, weiter bis Allai, dort der Via Bingia Manna bis Sponda del Rio Massàri folgen | Tipp In Fordongianus befinden sich antike römische Bäder, die zu therapeutischen Zwecken genutzt wurden. Die Warmwasserquelle gibt es noch heute, sie hat eine Temperatur von 54 Grad Celsius.

4 Die Dünen von Piscinas

Europas zweitgrößte Sanddünen

Die Perle der Costa Verde, eine Oase aus vom Wind geformten Sanddünen, breitet sich auf 28 Quadratkilometern aus und erreicht an manchen Stellen knapp 100 Meter Höhe. Nein, wir sind nicht in der Wüste, sondern im Territorium von Arbus, weit weg von der Zivilisation. Es gibt nur einen Weg, der zu den Sanddünen führt, und der ist sehr abenteuerlich. Eine Mischung aus Schotterpiste und Schlaglöchern – die Hoffnung, nicht auf Gegenverkehr zu treffen, ist stetiger Begleiter bis zum Ziel. Die Vegetation lässt alles erwarten, aber sicher keine Sanddünen und kilometerlangen Strände. Doch plötzlich, kurz vor dem Ziel, kommt das Leben zurück, ein Campingplatz erscheint auf der linken Seite, und es bietet sich ein ungewöhnlicher Anblick: Eine knapp 60 Meter hohe Sandspitze drückt sich durch die grüne Vegetation.

Es wird sandiger, aber noch sind die Dünen nicht zu sehen. Noch eine Kurve rechts und eine Kurve links – und da sind sie. Die Landschaft wird nicht mehr vom Grün dominiert, sondern ist von ockergelben Sanddünen geprägt. Spätestens jetzt spürt man die Magie. Eine Oase mit endlos langen Sandstränden, während am Horizont das Azurblau des Meeres und des Himmels verschmelzen. Hier befinden sich, nach den Dünen von Pilat in Frankreich, Europas zweitgrößte Sanddünen, die von der UNESCO gemeinsam mit der Giara di Gesturi (Hochebene der Wildpferde) zum Weltkulturerbe erklärt wurden. Eine faszinierende Kulisse mit krumm gewachsenen und vom Mistral geformten Bäumen, die Farben der Macchia vermischen sich mit dem Gelb der Sanddünen. Sogar die Meeresschildkröten haben diesen Ort ausgewählt, um hier ihre Eier abzulegen. Leider immer seltener, sodass sich jeder Besucher rücksichtsvoll verhalten sollte, um die Tiere keinesfalls zu gefährden.

Übrigens wurde im Jahr 2018 ein 800 Meter langer Abschnitt offiziell zum größten FKK-Strand Europas erklärt.

Adresse 09031 Arbus | Anfahrt ab Arbus SP 68/SP 4.17 und SP 65/SP 4.19 bis Strada Montevecchio – Portu Maga, links abbiegen auf SP 4.21 und dieser bis zum Ziel folgen | Tipp Torre dei Corsari, ein Ferienort an der Costa Verde im Umland von Arbus, liegt inmitten der Natur.

5 Das Messermuseum

Das größte Klappmesser der Welt

Das nette mediterrane Dorf Arbus im Südwesten der Insel mit knapp 6.140 Einwohnern beherbergt das Museum der sardischen Hirtenmesser »Museo del Coltello Sardo«. Es wurde im Jahr 1996 von dem berühmten Messerschmied Paolo Pusceddu eingerichtet und befindet sich direkt neben seiner Werkstatt, die den Namen des typischen Messers der Gegend trägt: »Arburesa«. Mitten in der Altstadt öffnet das Museum seine Pforten, und beim Betreten wird der Besucher von einer Aura längst vergangener Zeiten empfangen – wie auf einer Reise in die Vergangenheit. Unter anderem ist hier das größte Klappmesser der Welt zu bewundern. Es wurde im Jahr 1986 von Paolo Pusceddu geschmiedet, misst 4,85 Meter, wiegt 295 Kilogramm und hat es sogar ins Guinnessbuch der Rekorde geschafft.

Das Museum ist in vier Räume aufgeteilt, in denen ein Kunstwerk nach dem anderen zu sehen ist. Vom Hirtenmesser aus dem 16. Jahrhundert bis hin zu den heutigen Kunstwerken gibt es viel zu entdecken. Die historische Einrichtung ist sehr authentisch, eine gute Mischung aus Werkstatt, Ausstellung und Verkaufsräumen. Für den einen oder anderen Besucher mag dies nur ein kleines Museum sein, für die Sarden wiederum bedeutet es viel mehr: Leidenschaft, Stolz, Wurzeln und Geschichte. Das Hirtenmesser stellt ein Symbol dar, das jeder Sarde bei sich trägt und das verwendet wird, sobald der gute Pecorino auf den Tisch kommt und sich jeder mit seinem eigenen Messer ein Stück davon abschneidet.

Einige Messer sind echte Kunstwerke mit Horngriffen in jeder Farbe, geschnitzt in Form von Hirschen, Wildschweinen, Mufflons und Adlern. Sie spiegeln die sardische Tierwelt wider und zeigen, wie naturverbunden die Bewohner der Insel sind. Nicht zuletzt aus diesem Grund ist ein Hirtenmesser ein beliebtes Geschenk unter Sarden, und dabei kommt es nicht auf den Preis an, sondern auf die Geste.

Adresse Via Roma 15, 09031 Arbus, www.arburesa.it | Anfahrt SS 131, Ausfahrt Pabillonis, an der Gabelung links Richtung Morimenta / Pabillonis, weiter auf SP 4.20/SP 64, nach drei Kilometern links auf SS 126 und dieser bis Arbus folgen | Öffnungszeiten Mo – Sa 9 – 14.30 und 15 – 20.30 Uhr, So 10 – 14 und 16 – 20 Uhr (im Winter andere Öffnungszeiten) | Tipp Ein Quad-Ausflug ab Arbus mit »ArbusNaturQuad« (Tel. +39/348/7711654) führt durch die Berge bis zum Meer. Ein unvergessliches Erlebnis!

6 Das Kastaniendorf

Große Vielfalt an Spezialitäten

Im Herzen der Barbagia erstreckt sich in herrlicher Lage Aritzo, ein Dorf, das heute noch von der Tradition der Herstellung von Möbeln aus Holz geprägt ist. Ein Ort mit vielen Facetten, reich an historischen Ereignissen, Handwerkskunst und traditionellen Festen. Eines der bekanntesten Feste ist wohl die »Sagra delle Castagne«, die jedes Jahr im Oktober stattfindet. Es handelt sich um das erste und somit auch das älteste Kastanienfest der Insel, das für eine Vielfalt an kulinarischen Spezialitäten aus diesen Früchten bekannt ist, daher gilt die Gemeinde auch als Hauptstadt der Kastanien. Dank der perfekten Höhenlage und des angenehmen Klimas wird der Ort in den Sommermonaten zu einem beliebten Ziel, das viele Ausflüge sowohl zu Fuß als auch zu Pferd ins Gennargentu-Gebirge bis hin zum Tal des Flumendosa zu bieten hat.

Wer sich nach majestätischen Bäumen sehnt, ist in der Località Geratzia richtig, hier gibt es einzigartige Kastanienbäume, die dem Lauf der Zeit erstaunlich gut standgehalten haben. Neben der Burg »Castello Arangino«, die aus dem Jahr 1917 stammt, erzählen die Hauswände des Dorfes in Form von beeindruckenden Wandgemälden dessen Geschichte. Die Burg wurde von Cavalier Vincenzo Arangino im neugotischen Stil erbaut. Die Familie starb 1954 aufgrund einer tragischen Bluttat aus. Ein Spaziergang durch die Gassen ist eine Reise durch die Zeit, kleine Läden mit Handwerkskunst verkaufen noch heute die sogenannten Hochzeitstruhen. Diese werden meist im Schlafzimmer aufgestellt, um darin Bettwäsche und Kissen zu verstauen.

Die Menschen im Ort sind sehr offen und freundlich, sodass sich Besucher schnell zugehörig und wohlfühlen. Wer hierherkommt, macht keinen Ausflug, sondern holt sich ein Geschenk vom Leben, das geprägt ist von Großzügigkeit, Wärme und Erlebnissen, die nicht so schnell in Vergessenheit geraten.

Adresse 08031 Aritzo | Anfahrt SS 131 Diramazione Centrale Nuorese, Ausfahrt Ghilarza, Richtung Sorradile, weiter über SP 15, SP 31, SP 76 (später SP 68) und SP 61 bis Aritzo | Tipp Der Carcere Spagnolo »Sa Bovida« in der Via Carceri ist ein ehemaliges spanisches Gefängnis, das heute ein ethnografisches Museum beherbergt, in dem Fundstücke der Gemeinden Zentralsardiniens, aber vor allem der westlichen Seite des Gennargentu ausgestellt sind.

7 Der Pontile Enichem

Die große Stahlklinge über dem Meer

Meer, Sonne, Strand, Natur, Traditionen – das ist das typische Sardinien, wie man es sich vorstellt. Und genau aus diesem Grund werden so manch interessante Orte kaum wahrgenommen. Wie dieser Pier, der sich wie eine riesige Stahlklinge am Golfo degli Angeli auf die offene See hinausstreckt und an einer der meistbefahrenen Straßen Sardiniens liegt, der SS 195, die die Hauptstadt Cagliari und den Ferienort Pula miteinander verbindet.

Beim ersten Kreisverkehr auf Höhe des Industriegebietes Macchiareddu beeindruckt dieses gigantische Bauwerk mit seinen 14 Andockstellen, dort, wo einst große Tankschiffe Petroleum und flüssige Chemiestoffe geladen und abgeladen haben. Es hält selten jemand an, um sich die Anlegestelle genauer anzusehen, doch es lohnt sich absolut. Der Stahlkoloss ist mit einer Gesamtlänge von 1.680 Metern immerhin der zweitlängste Industriepier Italiens nach dem Pontile Solvada in Rosignano Marittimo in der Toskana und der größte der Insel. Der Pontile in Macchiareddu wurde von dem ehemaligen Konzern EniChem in Auftrag gegeben und zwischen den Jahren 1971 und 1974 erbaut.

Doch wieso gerade an diesem Ort? Das liegt wohl daran, dass sich genau hier Sardiniens größte Saline namens »Conti Vecchi« befindet. Sie ist in der Lagune Santa Gilla beheimatet, wo Mensch und Natur seit über 90 Jahren in perfekter Synergie zusammenarbeiten. Die Hauptattraktion der Saline sind mit Sicherheit die circa 6.000 wunderschönen Flamingo-Paare, die hier leben. Zusätzlich bietet sich vom Pier ein traumhafter Blick auf die Metropolitanstadt Cagliari, eingerahmt in den Rosenmantel der Flamingos, die sich selbst majestätisch zur Schau und den Industriehintergrund in den Schatten stellen. Für den einen sind es lange Rohre, für den anderen sind es Geschichten, die ihren Platz eingenommen und sich mit der Zeit in Rost verwandelt haben.

Adresse Zona Industriale, 09010 Assemini | Anfahrt ab Cagliari die SS 195 Sulcitana nehmen | Tipp Die Nuraghe Antigori in der Località Antigori in Sarroch bietet einen ungewöhnlichen Ausblick: eine Reise von der Zeit um 2200 vor Christus bis zu der modernen Raffinerie Saras, die der Nuraghe zu Füßen liegt.

8 Sa Crabarissa

Eine tragische Liebesgeschichte

Sa Crabarissa ist ein 50 Meter hoher Granitblock, der von Regen und Wind bearbeitet wurde und dessen Form einer Frau in traditionell sardischer Kleidung ähnelt. Er liegt in der Gegend von Mandrolisai zwischen den Städten Neoneli und Austis in Zentralsardinien.

Die Legende erzählt, dass an einem warmen Wintertag eine Gruppe von Hirten aus Austis in die Ebene der Kleinstadt Cabras kam. In der Gruppe befand sich ein charmanter junger Mann, der einem einheimischen Mädchen begegnete. Ihr Name blieb unbekannt, aber es wird erzählt, dass sie jung und schön und in die prächtige Tracht von Cabras gehüllt war. Ein einfacher Blick genügte, und die beiden verliebten sich und tauschten Geschenke und Heiratsversprechen. Aber die im Winter geborene Liebe endete im Frühjahr, als der junge Hirte seinen Weg wiederaufnahm und das Mädchen auf die versprochene Rückkehr warten ließ. Die Tage vergingen, und das Mädchen, müde des Wartens und besorgt um das Schicksal ihres Geliebten, beschloss, nach Austis zu gehen, um zu verstehen, was passiert war.

Nach einem langen und ermüdenden Weg gelangte das Mädchen nach Austis. Bei ihrer Ankunft erwarteten sie jedoch keine Umarmungen und lieben Worte. Sie entdeckte, dass ihre Liebe eine Täuschung gewesen war. Der junge Mann, der sie zu heiraten versprochen hatte, war tatsächlich bereits mit einer Einheimischen verbunden. Von Trauer überwältigt, beschloss das Mädchen, den Heimweg anzutreten, sie erreichte ihr Ziel jedoch nie. Auf dem Weg, der sie zurück in die Ebene führte, entschied sich die junge Frau, anzuhalten und einen letzten Blick auf das Land ihres Geliebten zu werfen, aber der Kummer war so groß, dass sie versteinerte und bis in alle Ewigkeit versteinert blieb. Diese Legende wurde vor allem jüngeren Menschen erzählt, um ihnen beizubringen, dass sie nicht mit den Gefühlen anderer spielen sollten.

Adresse 08030 Austis | Anfahrt SS 131, Ausfahrt Ghilarza, weiter Richtung Sorradile, dann weiter Richtung Nughedu Santa Vittoria, der Beschilderung nach Sa Crabarissa folgen | Tipp Die Oasi naturalistica di Assai im nahe gelegenen Nughedu Santa Vittoria ist ein Naturschutzgebiet mit einem Museum, das täglich von 7 bis 24 Uhr geöffnet ist.

9 Die älteste Eibe

Besuch im größten Eibenwald Italiens

Die Eibe wird auf Sardinien auch »albero della morte« (Todesbaum) genannt. In allen Pflanzenteilen befindet sich der giftige Stoff Taxin, außer im Samenmantel, der sehr gern von Vögeln verspeist wird. Eibenwälder gibt es auf der Insel viele, doch in zwei Gebieten existieren zwei besondere Exemplare des Nadelbaums. Im Supramonte-Gebirge ragt die höchstgewachsene Eibe mit 28 Metern in den Himmel, und in Badde Salighes, dem größten Eibenwald Italiens, steht die mit 1.200 Jahren älteste Eibe. Nur wenige Gehminuten von der Villa Piercy entfernt, auf der linken Seite hinter einem Holztor, steht der König der Eiben mit einem Umfang von knapp 7,5 Metern.

Dieser wunderschöne Wald ist nur 16 Kilometer von Bolotana entfernt und liegt auf 1.000 Höhenmetern. Es ist daher Vorsicht geboten, denn das Gebiet ist der perfekte Lebensraum für wilde Tiere, unter anderem für Wildschweine. Man kann hier aber auch ganz entspannt spazieren gehen, etwa durch die Ortschaft Badde Salighes. Der Name »Tal der Weiden« deutet darauf hin, dass das Territorium einst reich an diesen Bäumen war, was heute nicht mehr der Fall ist. Der Ort wurde im Jahr 1879 gegründet und verfügt heute noch über 23 alte Häuser, die von ihren Besitzern als Wochenenddomizil genutzt werden. Ein winziger Ort voller Geschichte, umgeben von den prachtvollen Eibenbäumen. Badde Salighes wurde in erster Linie von dem britischen Ingenieur Benjamin Piercy geprägt, dem Schöpfer des sardischen Eisenbahnnetzes und landwirtschaftlichen Unternehmer. Er erschloss dieses Gebiet zwischen 1880 und 1888.

Die Häuser des Dorfes waren einst die Wohnungen der Arbeiter, und das heutige Restaurant ist die ehemalige Kaserne der Reiterstaffel der Carabinieri mit den angrenzenden Stallungen. In der Xylothek gibt es eine Holzsammlung sardischer Bäume und Sträucher sowie eine themenbezogene Bibliothek zu entdecken.

Adresse 08011 Badde Salighes | **Anfahrt** SS 131, Ausfahrt Ottana, Richtung Ottana/Bolotana/Sarule fahren, nach 97 Metern im Kreisverkehr 1. Ausfahrt Viale Ghitti/SP 17 nehmen, nach 14,5 Kilometern links auf Via Badde Salighes/SP 17, nach 14,7 Kilometern links auf Strada Badde Salighes | **Tipp** Der Wasserfall Mularza Noa an der SP 17 Richtung Bolotana befindet sich in einem Park mit Picknickmöglichkeiten (Parco Pabude).

10 Der Tronco Romantico

Der etwas andere Laufsteg

Meeresluft, Wind, Salzgeruch … Inmitten der Sanddünen, beleuchtet von der Sonne und umhüllt von wild duftenden, mediterranen Pflanzen liegt dieser weitläufige Strandlaufsteg vor einer atemberaubenden Kulisse mit romantischem Charisma. Möwen fliegen über die Köpfe, der Wind bläst über die Haut, der weite Blick nach vorne lässt erahnen, was die Besucher gleich erwartet. Beim Spaziergang über den Steg knistert das Holz, das von der Meeresluft leicht korrodiert ist, und die Wellen, die sich ihren Weg zum Ufer suchen, rauschen beruhigend. Langsam kommen die ersten Strandtücher zum Vorschein, gefolgt von den verschiedensten Farbtönen des Meeres, die einen perfekten Kontrast zu denen des Strandes bieten. Ein optimaler Ort für Liebhaber von langen Strandspaziergängen. Auch Vierbeiner kommen am Dog Beach ganz auf ihre Kosten und können sich hier richtig austoben.

Parallel zum Strand fließt der Coghinas, der mit seinen 116 Kilometer Länge der bedeutendste Fluss im Norden der Insel und der drittlängste Fluss Sardiniens ist. Er entspringt in den Bergen von Ploaghe und verläuft durch die Provinz Sassari, um in den Golf von Asinara zu münden. Eine ideale Umgebung, um sich auf eine fotografische Jagd zu begeben, die auf dem besonderen »Laufsteg« entlang des Strandes beginnt und zur Fauna des Flusses führt. Mit etwas Glück, Geduld und Ruhe sind wilde Tiere in ihrem natürlichen Habitat zu beobachten. Aber auch bei einer geführten Kajaktour auf dem Fluss lassen sich viele Naturwunder entdecken.

Abends belohnt die privilegierte Lage mit einem traumhaften Sonnenuntergang, der sich sowohl im Meer als auch auf dem Steg spiegelt und damit den optimalen Rahmen für das perfekte Urlaubsfoto bietet. In der Hochsaison gilt hier übrigens strengstes Angelverbot, und das Fischen ist auch in der Nebensaison nur mit entsprechender Lizenz erlaubt.

Adresse am Ende der Straße entlang des Strandes Li Junchi, 07030 Badesi | Anfahrt SS 672 Sassari / Tempio, Ausfahrt Perfugas, auf SP 92 bis Valledoria, von Valledoria Richtung Spiaggia Li Junchi und entlang des Strandes bis zum Ende fahren | Tipp New Kayak Sardinia in der Via Ampurias 110 in Valledoria bietet Kajaktouren auf dem Fluss Coghinas an (Tel. +39/338/1258403).

11 Die Hochebene Su Golgo

Wilder geht's nicht

Bereits der Weg zum Altopiano del Golgo lohnt sich, denn er führt durch das zweitschönste Dorf Italiens namens Baunei. Die Vereinigung »I borghi più belli d'Italia« hat Baunei im Jahr 2021 den zweiten Platz verliehen, als es darum ging, »il borgo dei borghi« zu küren, also »das Dorf der Dörfer«. Auf der eindrucksvollen Panoramastraße gelangt man direkt zur Hochebene. Die Sicht reicht an vielen Stellen bis zur Küste von Arbatax über Tortolì und sogar bis zu den Bergen und dem »Dorf der Hundertjährigen«, Villagrande Strisaili. Die Vegetation ist beeindruckend und birgt zwei versteckte Wasserfälle. Einer davon ist die Cascata di Sothai. Auf der Hochebene angekommen, erwartet den Besucher eine einzigartige Tierwelt. Von Wildschwein, Damhirsch und Esel bis hin zu Mufflon, Gams und Pferd ist alles vertreten.

Folgt man den Schildern Richtung Cala Goloritze, erreicht man mehrere Parkmöglichkeiten. Eine davon befindet sich an den Schlammdeichen, an denen sich regelmäßig Wildschweine, Büffel und Ziegen aufhalten. Immer wieder sind hier total entspannte Esel anzutreffen, die auf einen Snack hoffen.

Es gibt vieles zu entdecken, so auch das Ristorante Tipico Golgo, das in die Natur eingebettet ist und unweit dessen sich eine Felsformation befindet, die die Form eines Gesichtes hat. Für manche ist das ein unheimlicher Anblick, auch weil in unmittelbarer Nähe der Karstschlund liegt. Dabei handelt es sich um eine der tiefsten Grotten Sardiniens, die 270 Meter in die Tiefe reicht. Der Anblick ist atemberaubend, als würde man ins Stargate blicken. Dieses Naturwunder aus nächster Nähe zu betrachten bleibt jedoch nur erfahrenen Wanderern vorbehalten. Die Tierwelt in der Grotte ist genauso faszinierend wie die Grotte selbst. Hier leben zum Beispiel die Porrhomma-Spinne, sardische Höhlensalamander und Krebstiere, umzingelt von dichter Vegetation – eine Art Mini-Regenwald.

Adresse Altopiano del Golgo, 08040 Baunei | Anfahrt SS 389var di Buddusò e del Correboi bis zur SP 27 Su Biviu-gennantine, dann der SS 198 di Seui und Lanusei Richtung Tortolì folgen, weiter auf SS 125 Orientale Sarda bis Baunei und geradeaus bis zum Ziel | Tipp Das Ristorante Tipico Golgo in der Località Golgo in Baunei bietet einfache und traditionelle sardische Küche. Die Spanferkel und Ziegen werden selbst gezüchtet. Das Restaurant ist wunderschön inmitten eines Olivenhains gelegen (Mo – So 9 – 24 Uhr, außerhalb der Saison andere Öffnungszeiten, www.ristorantetipicogolgo.com).

12 Die Villa Piercy

Aus Liebe zu Sardinien

Bolotana liegt in Zentralsardinien und ist der Hauptthersteller sardischer Teppiche. Der Ort liegt nur wenige Kilometer von dem englischen Park entfernt, in dem die Villa Piercy steht.

Alles begann, als der walisische Ingenieur Benjamin Piercy im Jahr 1863 nach Sardinien kam, um bei der Planung der im Bau befindlichen Eisenbahnstrecke (Cagliari–Olbia und Chilivani–Porto Torrese) mitzuwirken. Er war fasziniert von der Insel und verliebte sich in sie. Für seine Mitarbeit an der Eisenbahnstrecke erhielt er mehrere Hektar Land im Gebiet um Bolotana. Er investierte in der Folge ein Vermögen, um ein Landwirtschaftsunternehmen aufzubauen, welches schließlich zum größten im Mittelmeerraum werden sollte. Viele Arbeiter lebten und arbeiteten mit ihren Familien in den Badde Salighes und den Padru Mannu (Täler der Weiden), wo Piercy einen großen Molkereibetrieb errichtete. Es gab neben den Häusern sogar ein kleines Geschäft und eine Schule, sodass es den Arbeitern an nichts fehlte.

In den Badde Salighes ließ sich Piercy eine majestätische Villa im britischen Stil bauen: die Villa Piercy, die als Residenz der Familie diente. Die zweistöckige Villa verfügt über vier abgerundete Türme und ist von einem einzigartigen Garten umgeben, der ebenfalls im britischen Stil gehalten ist und die Liebe Piercys zur Natur widerspiegelt. Die vielen Stechpalmen, Ahornbäume, Zedern und Tannen vermitteln den Eindruck, dass man sich in Großbritannien befindet und nicht im Herzen des Mittelmeeres. Die Familie des Ingenieurs schien ein glückliches Leben zu führen. Sie veranstaltete Partys, an denen die italienische und englische Oberschicht teilnahm. Es heißt sogar, dass König Umberto I. ein häufiger Gast gewesen sei. Benjamin Piercy starb im Jahr 1888 völlig unerwartet bei einem Galadinner in London.

Heute werden in der Villa Piercy Bildungs- und Kulturveranstaltungen abgehalten.

Adresse Strada Badde Salighes, 08011 Bolotana | Anfahrt SS 131, Ausfahrt Ottana, Richtung Ottana / Bolotana / Sarule, im Kreisverkehr 1. Ausfahrt auf SP 17 nehmen, nach 14,5 Kilometern links auf Via Badde Salighes, nach 14,7 Kilometern links auf Strada Badde Salighes, Ziel auf der rechten Seite | Öffnungszeiten Sa, So 10–18 Uhr, variieren nach Jahreszeit | Tipp Im Agriturismo Bonu Suile, Loc. Caramarzos in Silanus kann man ein wunderbares sardisches Menü genießen und am besten gleich eine Übernachtung einplanen, denn es ist sehr idyllisch. Ein Pool ist auch vorhanden (www.agriturismobonusuile.eatbu.com).

13 Das Gigantengrab

Monument der Bonnanaro-Kultur

Außerhalb der Gemeinde Borore ruht seit 1800 vor Christus das Gigantengrab Imbertighe, das 1908 von dem schottischen Archäologen Ducan Mackenzie gemeinsam mit seinem italienischen Kollegen Giovanni Pinza erforscht wurde. Auf einem weitläufigen Grundstück nahe der SP33 erstreckte sich vor langer Zeit auf 11,40 Metern das »Grab der Giganten«. Heute ist leider nur noch die imposante Eingangsstele zu bewundern, die zum Teil erhalten und mit einer Höhe von 3,65 Metern auch nicht gerade klein ist. Die Grabfront ist noch ziemlich intakt, und im Gegensatz zu den meisten Gigantengräbern wurden hier keine Steinplatten neben der Stele aufgestellt, sondern man errichtete eine Mauer aus großen Basaltsteinen in drei Reihen. Auf Sardinien gibt es 321 Gigantengräber, die meisten sind Monumente aus der bronzezeitlichen Bonnanaro-Kultur (1800–1500 vor Christus). Nach neuesten Schätzungen einiger Archäologen stammen manche aus der Ozieri-Kultur oder aus spät-bronzezeitlichen Kulturen.

Es gibt zwei bauliche Varianten der Gräber. Bei der älteren Bauweise befand sich die Stele inmitten der Exedra (Eingang), bei der neueren Bauweise hingegen besteht die Exedra statt aus monolithischen Stelen aus einer deutlich erhöhten Quaderfassade und in der Mitte aus bearbeiteten Steinblöcken. Bei der Tomba Imbertighe handelt es sich um eine ältere Variante. Die heute vorliegenden Daten sind in erster Linie dem Naturforscher Alberto La Marmora zu verdanken, der 1840 während seines Aufenthalts auf Sardinien alles ausgemessen hat, was noch zu erkennen war.

Die Atmosphäre vor Ort ist majestätisch, und es ist kaum vorstellbar, was unsere Vorfahren ohne moderne Ausrüstung geschaffen haben und wie sie – vermutlich durch eine spezielle Hebetechnik – Tonnen von Steinen verschieben konnten. Knapp 100 Meter weiter befindet sich die Nuraghe Imbertighe, die mit der Tomba Imbertighe in kultureller Verbindung steht.

Adresse Località Imbertighe, SP 33, 08016 Borore | Anfahrt SS 131, Ausfahrt SP 33, links halten und der Beschilderung in Richtung Borore folgen, links auf SP 33, nach 550 Metern links auf SP 66, nach 270 Metern rechts auf Viale Sardegna / SP 66, nach 1,1 Kilometern rechts auf Strada di Imbertighe, Ziel auf der rechten Seite | Tipp Das Museo del Pane (Brotmuseum) in der Viale Baccarini wurde im Jahr 2006 mit dem Ziel, die Backtradition der Insel aufrechtzuerhalten und weiterzugeben, gegründet. Über 400 Brotsorten wurden bereits gesammelt und katalogisiert (Di – Fr 9 – 13 Uhr, www.museodelpane.com).

14 Die Regenbogentreppe

Die Verbindung zwischen Himmel und Erde

Farben und Gerüche, die der Seele guttun. Nein, wir sprechen nicht von kulinarischen Spezialitäten und auch nicht vom Meer und den Stränden, wie es bei einer Insel, die für ihre einzigartige Schönheit und Natur bekannt ist, zu erwarten wäre. Dieses Mal geht es um die Farben und Gerüche der Dörfer, denn jede Gemeinde hat ihre Besonderheit, von farbenfrohen Wandmalereien bis hin zum Duft von frischem Brot aus dem Holzofen. Und dann gibt es Dörfer, die für eine ganz besondere Überraschung sorgen, so wie Bottidda.

Die kleine Gemeinde mit knapp 760 Einwohnern in der Provinz Sassari liegt eingebettet im Goceano-Gebiet auf 396 Höhenmetern zu Füßen des Monte Rasu. Das Goceano-Gebiet erstreckt sich über eine Fläche von 480 Quadratkilometern, und wo früher Weinberge das Landschaftsbild dominierten, wird es heute von Farben und Gerüchen geprägt.

Bottidda wird unter anderem auch »paese dei fiori«, Dorf der Blumen, genannt. Farbenfrohe Blumen jeglicher Art schmücken zu ihrer Blütezeit das Dorf. Ein lokaler Künstler realisierte im Jahr 2019 das noch fehlende i-Tüpfelchen in Form einer Regenbogentreppe an der Via Funtana Etza. Die Treppe selbst ist nichts Besonderes, denn so etwas gab es bereits andernorts wie beispielsweise in Arzachena. Erst die Art, wie sie geschaffen wurde, machte sie wirklich zu etwas Einzigartigem. Sie sollte das ganze Jahr über dasselbe Aussehen behalten und dadurch eine Botschaft vermitteln. So entschloss sich der Künstler, sie mit Fliesen zu versehen, anstatt sie auf die übliche Weise zu bemalen. Eine aufwendige Arbeit, denn die Treppe ist sehr lang. Sie soll das Dorf und die Harmonie zwischen Himmel und Erde repräsentieren. Und da die Gemeinde den Ruf eines Blumendorfes hat, war klar: Bunt sollte sie sein. Und was wäre besser als ein Regenbogen, um Himmel und Erde zu verbinden? Ein wunderbares Projekt, das sich perfekt in das Dorfbild einfügt.

Adresse Via Funtana Etza, 07010 Bottidda | **Anfahrt** SS 131 Diramazione Centrale Nuorese, Ausfahrt Ottana, weiter Richtung Bono/Tirso, über die SP 33 und die SP 10m, nach 6,4 Kilometern Ausfahrt Richtung SP 84, nach vier Kilometern rechts auf Via Funtana Etza | **Tipp** Das ehemalige Franziskanerkloster in Bottidda (Strada per il convento di Monte Rasu) gilt als die erste Niederlassung des Ordens auf Sardinien.

15 Die Naturtherme

Balsam für Körper und Seele

Zwischen Bultei und Benetutti befindet sich dieses Naturspektakel. Mitten in einer unberührten Landschaft steht die von den alten Römern in den Felsen gegrabene thermische Badewanne. Eine wahre Oase, die man das ganze Jahr über genießen kann, denn die Wassertemperatur beträgt durchgehend über 35 Grad. Die Therme liegt auf einem Privatgrundstück, jedoch ist der Zutritt durch ein kleines Tor aus Holz erlaubt.

In der Gegend von Bultei verstecken sich mehrere Thermalbecken, eines davon direkt neben der alten Kirche San Saturnino an der SP 86. Ein weiteres liegt in Benetutti im Gebiet »Su Anzu« auf einem Bauernhof, die anderen sind unmittelbar in der Nähe, eingebettet in die Vegetation und sehr schwer zu finden. In den Wintermonaten sind sie aufgrund des in den Himmel steigenden Dampfes viel besser zu erkennen und ausfindig zu machen. Substanzen wie Duschgels oder Öle sind beim Eintauchen in das Vergnügen übrigens nicht erwünscht. Es wird großer Wert darauf gelegt, die Natur zu respektieren. Oft sind Einheimische an den Becken anzutreffen, und es hat sich die ungeschriebene Regel durchgesetzt, dass 20 Minuten im Becken nicht überschritten werden dürfen, damit auch Wartende in den Genuss kommen können, hier die Seele baumeln zu lassen, die Augen zu schließen und abzuschalten.

Der Weg zur Therme ist von schöner Vegetation umgeben, zu der sich im Frühling noch die ganz besonderen Farbenspiele der blühenden Bäume, Sträucher und Blumen gesellen. Auch die Luft, die man atmet, ist eine andere. Die Natur berauscht Geist und Seele und lässt für einen kurzen Moment vergessen, woher man kommt, und einfach das Jetzt genießen. Die Einheimischen behaupten übrigens, dass ein Bad in dem Becken ein Allheilmittel gegen Schuppenflechte, Muskel- und Bauchschmerzen sei. Nur knapp 500 Meter weiter befindet sich die nächste Badestelle. Ein wahres Paradies!

Adresse 07010 Bultei | Anfahrt SS 131, Ausfahrt Ottana, weiter Richtung Bono / Tirso, auf SP 33 und SP 10m, nach 14,9 Kilometern Ausfahrt Richtung San Saturnino nehmen, rechts abbiegen auf SP 86, noch ein Kilometer bis zum Ziel | Tipp Die Chiesa campestre di Saturnino an der SP 86 ist eine sehr schöne Landkirche aus dem 12. Jahrhundert, die auf den Überresten einer Nuraghe steht.

16 Der 1.000-jährige Wald

La foresta Sa Fraigada

Der Naturpark mit über 1.000 Jahre alten Bäumen, in dem sich neben unzähligen schwefelhaltigen Quellen die höchsten Bäume Sardiniens befinden, wurde im Jahr 1886 gegründet. Er ist einer der ältesten Staatswälder der Insel. Die Landschaft ist geprägt von Kork- und Steineichen, auch monumentale Bäume sind vorhanden, wie die 1920 gepflanzten Lärchenkiefern, die über 35 Meter hoch sind und als die ältesten auf der Insel gelten.

Neben einer Reihe bequemer Wanderwege gibt es auch diverse Picknickstellen für eine genussvolle Pause. Ein zauberhafter Ort, fast märchenhaft. Die alte charakteristische Kirche, die mitten im Wald liegt, sorgt wegen der besonderen Lichteffekte durch die Baumkronen für eine mystische Atmosphäre. Man kann förmlich in die Natur eintauchen, und die Stille wird nur von den Geräuschen unterbrochen, die der Wald hervorbringt. Da sind zum Beispiel die Bäume, deren Wipfel hin und her wogen und bei stärkerem Wind sogar Klänge erzeugen. Zahlreiche Tiere leben an diesem wundervollen Ort und sind auch gelegentlich zu sehen. In den Sommermonaten wird der Wald oft für Pfadfinder- und Sommerlager genutzt und von Kindern erkundet. Um das Programm abwechslungsreich zu gestalten, gibt es auch einen Fußballplatz und andere Sportmöglichkeiten.

Von Bultei aus ist der Wald wesentlich leichter zu erreichen als über die kleine Straße von Nughedu San Nicolò, diese macht den Ausflug jedoch wilder und abenteuerlicher. In der Gegend befinden sich zahlreiche andere Wälder und archäologische Siedlungen, eine davon ist die Nuraghe Tilariga aus der Zeit von 1500 bis 600 vor Christus. Diverse Höhlengräber (Domus de Janas) liegen verteilt im ganzen Gebiet. Sich mit dem Fotoapparat zu rüsten ist ein Muss, denn diese Orte mit den hohen, dichten Bäumen und aussichtsreichen Wanderwegen schenken unbezahlbare Eindrücke. Es ist einfach wie im Märchen!

Adresse 07010 Bultei | Anfahrt SS 131, Ausfahrt Ottana, Richtung Bono/Tirso auf SP 33 und weiter auf SP 104, SS 128, SP 36 und SP 161 bis zum Ziel | Tipp Das Ristorante Il Giardino di Solorche in Pattada ist bekannt für seinen hervorragenden Prosciutto und sehr guten Ricotta (Tel. +39/079/0976679).

17_Das Castello di Burgos

Die Burg im Dorf

In den Bergen der Provinz Sassari liegt Burgos, eine kleine Gemeinde mit knapp 900 Einwohnern. Die Lage des Dorfes ist perfekt, denn bei 575 Metern über dem Meeresspiegel ist die Aussicht ins Goceano-Gebiet einmalig. Auf dem Hügel vor dem Dorf erhebt sich das Castello di Burgos, das auch unter dem Namen des Gebietes bekannt ist: Castello del Goceano. Festungen gibt es auf der Insel wirklich genügend. Gebaut wurden sie in erster Linie von den einst über die Insel herrschenden »Richtern« sowie von Pisanern, Genuesen, Aragonesen und den Familien Malaspina und Doria mit dem Ziel, ihre jeweiligen Domänen zu verteidigen.

Die Burg von Burgos ist, egal aus welcher Richtung man kommt, unübersehbar und wirkt wie ein Magnet. Doch der eindrucksvollste Blick wartet in der Via Camillo Benso Conte di Cavour, einer kleinen Gasse mitten im Ortskern. Zwischen den Häusern und den alten Dächern erhebt sich die Festung in majestätischer und imposanter Form. Ein beeindruckendes Bild, das die Besucher glauben lässt, die Burg stünde direkt im Dorf. Seit dem Jahr 1134 thront sie auf dem Hügel, sie wurde von Gonario I. von Torres errichtet. Sie besteht aus einer u-förmigen Wand aus Granit- und Steinblöcken. Im Innenhof erhebt sich der 16 Meter hohe, zweistöckige Hauptturm aus Kalksteinquadern, der in den Ecken mit rotem Vulkanit verstärkt wurde.

Im Museo dei Castelli di Burgos, das in einem Herrenhaus aus dem 19. Jahrhundert eingerichtet wurde, sind zahlreiche Gegenstände aus der Burg ausgestellt. Das Dorf Burgos wurde 1337 zu Füßen der Festung erbaut und breitet sich harmonisch um sie herum aus, mit engen Gassen und Häusern mit Satteldächern. An bewölkten Tagen ergibt sich eine besondere Stimmung, still und mystisch, es fällt dann nicht schwer, das einstige Burgleben in den eigenen Gedanken aufleben zu lassen. Eine Reise nach Burgos ist eine Reise in mittelalterliche Zeiten.

Adresse Via XX Settembre 39, 07010 Burgos | Anfahrt SS 131 Diramazione Centrale Nuorese, Ausfahrt Ottana und weiter auf SP 17 und SP 33 Richtung Bono / Tirso, dann über SP 10m, SP 84, SP 78 und SP 101 bis zum Ziel | Öffnungszeiten Di – So 9 – 12.30 und 14.30 – 17 Uhr, Mo geschlossen | Tipp Die Pizzeria S'Incontru auf der Piazza Emanuele Filiberto ist nach einem Burgbesuch der perfekte Ort, um eine schmackhafte Pizza zu genießen (Tel. +39/329/0403025).

18 Das älteste Weingut

124 Jahre Geschichte

Alles begann 1898, als Salvatore Contini seinen Traum Wirklichkeit werden ließ und das Unternehmen Vini Contini gründete. »Vernaccia« nennt sich sein erstes Produkt, dem er zunächst seine ganze Zeit und Leidenschaft widmete. Zahlreiche Erfolge bewiesen, dass er auf dem richtigen Weg war. 1912 erhielt Salvatore auf der Internationalen Weinausstellung in Mailand die Goldmedaille für die Herstellung des Vernaccia di Oristano, des ersten Weins Sardiniens, der ab der Ernte 1971 die kontrollierte Herkunftsbezeichnung DOC erhielt. In den 1930er Jahren trat sein Sohn Attilio in die Dienste der Firma und übernahm kurz vor dem Zweiten Weltkrieg die Leitung des Unternehmens.

Mittlerweile ist die fünfte Generation am Ruder. Attilio wurde von seinen Kindern und Enkelkindern geehrt, indem sie einen Prosecco nach ihm benannten, der 2018 in zwei Kategorien zum besten Wein Italiens gekürt wurde. 90 Punkte erhielten der Attilio Brut Spumante und der Attilio Brut Spumante Rosé.

Die Ländereien der Familie Contini liegen in einer eindrucksvollen Ecke der Insel. Milde Winter und heiße Sommer schaffen im Sinis-Gebiet das perfekte Mikroklima für den Anbau der Vernaccia- und der Nieddera-Traube. Weitere Rebflächen befinden sich an den Hängen des Monte Arci, wo Vermentino- und Cannonau-Trauben angebaut werden. Aber auch in der Gallura und in der Barbagia liegen zahlreiche Weinberge.

Ein Besuch des Weinguts ist eine Reise in die Vergangenheit und zugleich in die Zukunft. Das Unternehmen ist geprägt von Historie und Familientradition mit einem guten Gespür für Innovation. Die Degustationsräume gleichen einem Museum. Eine wunderschöne Vitrine zeigt die wichtigsten Jahrgänge und sogar die allererste Flasche von 1898. Die Wände erzählen von den vielen Auszeichnungen, die die Contini-Weine erhalten haben. Und die Mitarbeiter arbeiten mit Herzblut, das spürt man.

Adresse Via Genova 48, 09072 Cabras, www.vinicontini.com | Anfahrt SS 131 Carlo Felice, Ausfahrt Oristano Nord / Siamaggiore / Zeddiani, dann SS 292, 2. Ausfahrt im Kreisverkehr nehmen, der Beschilderung nach Torre Grande und später Cabras folgen | Öffnungszeiten Mo – Fr 8 – 13 und 15 – 18.30 Uhr, Sa 8.30 – 13 Uhr, Tel. +39/0783/290806 | Tipp Das sehr gute Ristorante i Giganti in der Via Tharros 78 ist klein, aber fein. Dort gibt es täglich frische Fischspezialitäten (Tel. +39/320/7096523).

19 Der Reisstrand

Is Arutas

»Spiaggia« – diese Aufschrift lesen Besucher an der Küste immer wieder, und obwohl viele der italienischen Sprache nicht mächtig sind, wissen doch alle, dass es »Strand« bedeutet. Und davon hat Sardinien jede Menge zu bieten: 2.000 Kilometer Küste und Strände, oft so unterschiedlich wie Tag und Nacht, sorgen für viel Abwechslung. Wie in jeder Urlaubsregion haben sich über die Jahre auch auf Sardinien einige Tourismus-Hotspots etabliert. Dazu zählen San Teodoro, Costa Rei, Porto Cervo und Stintino, um nur einige zu nennen. Doch zum Glück gibt es auch Ecken, die vom Boom verschont geblieben sind.

Die wunderschöne und wilde Westküste lockt jährlich deutlich weniger Urlauber an, insbesondere der Golf von Oristano. An den Stränden sind viele Einheimische und dazwischen nur einige Urlauber anzutreffen. Der Tourismus steckt hier an vielen Stellen noch in den Kinderschuhen, doch das macht manche Strände nur noch attraktiver, insbesondere die mit türkisblauem Wasser. Besagte Strände machen nur einige hundert Meter von der kilometerlangen Küste aus und machen daraus ein Paradies im Golf von Oristano. Zu ihnen gehört Is Arutas, der Strand mit den feinen, abgerundeten Quarzkörnern, die in verschiedenen Farbtönen schimmern und eine gewisse Ähnlichkeit mit Reiskörnern haben. Sie funkeln zartrosa, weiß oder gar pastellgrün sowohl über als auch unter Wasser. Ein Schmuckstück von Strand, weit weg von den Giganten der Tourismusbranche. Eine Schnorchelausrüstung darf hier auf keinen Fall fehlen, denn das gesamte Gebiet gilt als Naturschutzgebiet, dessen Unterwasserwelt ein wahres Geschenk für die Augen ist. Durch das kristallklare Wasser ist die Sicht auf die Meeresbewohner auch durch die Oberfläche möglich.

Es ist sicher verlockend, einige Quarzkörner als Urlaubserinnerung mit nach Hause zu nehmen. Das ist jedoch strikt verboten, es drohen Geldstrafen bis zu 3.000 Euro.

Adresse 09072 Is Arutas | Anfahrt SS 131 Carlo Felice, Ausfahrt Oristano Nord, der SS 292 Nord Occidentale Richtung Cabras folgen und weiter über SP 1, SP 3, SP 94, SP 6, SP 7 und SP 59, nach 5,6 Kilometern links nach Is Arutas | Tipp Da Attilio Is Arutas, so lautet der Name eines tollen rustikalen Restaurants direkt am Strand (www.trattoriadaattilio.com, April – Okt. täglich).

20 Die Antica Hostaria

Das älteste Restaurant der Stadt

Hinter jedem Restaurant verbirgt sich eine Geschichte, mit der sich dessen Gäste nur selten auseinandersetzen. Das Essen sollte gut sein, das Personal freundlich und das Ambiente einladend, darüber hinaus wird selten recherchiert. Das älteste noch aktive Restaurant der Welt, Sobrino de Botín, öffnete 1725 in Madrid seine Pforten. Es ist weit über die Grenzen Spaniens hinaus bekannt und erhielt sogar einen Eintrag im Guinnessbuch der Rekorde. Italien folgte dem Trend erst 1877 und Sardinien erst im Jahr 1901. Doch die Geschichte der Antica Hostaria hat ihren Ursprung bereits im Jahr 1852 – als Gasthof mit Pferdestall. Die Reichen der Insel kamen mit ihren Pferdekutschen, um sich in der Hafenstadt zu Geschäften und Messen zu treffen.

Zu Beginn des 20. Jahrhunderts wurde der Gasthof zu einer berühmten Taverne, und als solche fungierte er bis 1972, als er von dem Ehepaar Antonello und Lilli Floris gekauft wurde. Die erfahrenen Wirtsleute waren eine Bereicherung und machten die Antica Hostaria im Laufe der Zeit in ganz Cagliari berühmt. Den Namen Antica Hostaria erhielt das Lokal aus Respekt vor der Tradition, weil es für die gute alte sardische Küche steht und weil es das älteste Restaurant der Stadt ist. Die Betreiber haben immer an diese Tradition und ihr Können geglaubt, und so wurde die Antica Hostaria zu einem der wichtigsten kulinarischen Orte der Stadt und konnte Persönlichkeiten aus Politik, Sport und Unterhaltung zu ihren Gästen zählen.

1983 bekam das Team Verstärkung, in Gestalt von Antonio Mura, der sich um Professionalität und zeitgemäßes Management kümmerte. Im Jahr 2006 wurde er selbst Eigentümer der Antica Hostaria und sorgte dafür, dass die alten Traditionen und Hauptgerichte erhalten blieben. 2011 trat sein Sohn Claudio Mura in die Geschäftsleitung ein und bereichert das Restaurant seitdem, indem er alte Traditionen mit raffinierten Neuheiten kombiniert.

Adresse Via Cavour 60, 09124 Cagliari, www.anticahostaria.it | ÖPNV ab Hauptbahnhof Cagliari Richtung Via Sassari, nach 91 Metern links auf Piazza Giacomo Matteotti, nach 69 Metern rechts in Via Roma, nach 160 Metern links in Largo Carlo Felice, dann rechts in Via Sardegna, links in Via Sant'Eulalia, rechts in Via Cavour | Öffnungszeiten Mo–Sa 12–24 Uhr, So 12–15 Uhr | Tipp Der Mercato Civico di San Benedetto in der Via Francesco Cocco Ortu wurde am 1. Juni 1957 eingeweiht. Er ist der größte überdachte Markt Italiens und einer der größten Europas.

21 Das Antico Caffè

Das historische Glanzlokal

Die Lage ist einfach wunderbar! Am Fuß der imposanten Bastion Saint Remy, deren Vorplatz einen 360-Grad-Blick auf Cagliari bietet, befindet sich das Antico Caffè, dessen Geschichte im Jahr 1838 begann, als Lazzaro Canepa aus Lavagna bei Genua nach Cagliari zog. Er eröffnete einen kleinen Treffpunkt, der seinen Namen trug, und arbeitete sich langsam voran. Er musste einiges anpassen, um sicherzugehen, dass sich die Sarden dort wohlfühlen. Die Jahre vergingen, und Lazzaro machte sich einen Namen. Im Jahr 1855 änderte das Café sein Aussehen und seinen Namen und wurde zum »Caffè Genovese«. Damit ehrte man die Wurzeln seines Gründers. Doch es geschah noch etwas: Das Publikum war plötzlich ein anderes. Das Café wurde nun zum Treffpunkt für Künstler und die Crème de la Crème der Stadt.

Anfang des 20. Jahrhunderts folgte der Feinschliff. Das Café wurde im großen Stil modernisiert, es sollte edler und feiner werden. Es wurde im Liberty-Stil umgestaltet, mit extravaganten, aber schlichten Möbeln wie zum Beispiel Stühlen im Thonet-Stil, die zu dieser Zeit sehr beliebt waren, Tischen aus Gusseisen und einer Bar, die komplett aus Marmor bestand. Das Caffè Genovese wurde zur Edel-Bar und zum Anlaufpunkt für so manche Berühmtheit. Grazia Deledda, Gabriele D'Annunzio, Salvatore Quasimodo und Beniamino Gigli sind nur einige Persönlichkeiten, die regelmäßig kamen, um sich verwöhnen zu lassen.

1998 wurde das Café von der angesehenen Familie Ruggieri nochmals renoviert und in »Antico Caffè« umbenannt. Es wurde zum Symbol der Stadt, und mit noch mehr Glanz begann eine neue Reise in die Welt der Gastronomie. Heute ist das Antico Caffè bekannt für seine edlen Süßspeisen, begleitet von hervorragendem Kaffee, und für feine kulinarische Gerichte, die mit ausgesuchten Weinen serviert werden. Das Antico Caffè stellt ein wichtiges Stück Stadtgeschichte dar.

Adresse Piazza Costituzione 10/11, 09124 Cagliari, www.anticocaffe1855.it | ÖPNV ab Hauptbahnhof Cagliari Richtung Via Sassari, nach 91 Metern links auf Piazza Giacomo Matteotti, nach 69 Metern rechts in Via Roma, nach 160 Metern links in Largo Carlo Felice, nach 300 Metern im Kreisverkehr die 1. Ausfahrt Via Giuseppe Manno nehmen, nach 350 Metern geradeaus auf Piazza Costituzione, nach 38 Metern im Kreisverkehr in die Via Vincenzo Sulis einbiegen | Öffnungszeiten Mo–So 7–2 Uhr | Tipp Das Castello San Michele, eine Burg aus dem 12. Jahrhundert, wird heute als städtisches Zentrum für Kunst und Kultur genutzt (Via Giovanni Cinquini).

22 Die Ex Tipografia

Von der Druckerei zu kulinarischen Köstlichkeiten

In der lebhaften, charismatischen Stadt Cagliari begegnen einem in jeder Straße und Gasse unzählige Geschichten, eine davon im Largo Carlo Felice 80 im Herzen des einzigartigen, malerischen Stadtkerns. Hinter den Mauern der Nummer 80 befand sich Anfang des 20. Jahrhunderts eine gut sortierte Druckerei. Der Name über der Eingangstür verrät es noch: »Ex Tipografia« (ehemalige Druckerei). Heute erwarten den Besucher kulinarische Köstlichkeiten in einem Ambiente, das erahnen lässt, was sich hier einmal abgespielt hat. Beim Betreten des Restaurants fällt sofort die riesige Holztheke mit Dutzenden Schubladen ins Auge, deren Griffe für den ersten Wow-Effekt sorgen. Die hohen Wände des schön dekorierten Raumes mit minimalistischer Einrichtung verleihen dem Restaurant ein Open-Space-Ambiente.

Beim Blick in die Karte ist die Liebe zum Detail deutlich spürbar, denn das Angebot an kulinarischen Gerichten ist vielseitig und extravagant. Vom internationalen süßen und herzhaften Frühstück bis zum Mittag- und Abendessen ist für jeden Geschmack etwas dabei. Trotz der perfekten Lage handelt es sich hier nicht um eine Touristenfalle, die Ex Tipografia überzeugt mit einer tollen Atmosphäre und innovativen Kreationen wie dem Chillavo-Frühstück oder dem Tonnarello con Guanciale sowie dem Tatar mit Basilikum-Nuss-Pesto. Ein Alleinstellungsmerkmal ist sicher die selbst gemachte Pasta, die täglich frisch zubereitet und serviert wird. Innen bietet das Restaurant nur wenige Sitzplätze, es verfügt aber über eine schöne Außenterrasse. Das Personal ist sehr zuvorkommend.

Wo Anfang des 20. Jahrhunderts noch Bücher, Zeitungen und Zeitschriften gedruckt wurden, wird heute sogar Livemusik gespielt, begleitet von guten Drinks. Und jeder Kassenbon, auf den die Aufschrift »Ex Tipografia« gedruckt wird, erinnert an die Geschichte des Gebäudes.

Adresse Largo Carlo Felice 80, 09124 Cagliari | ÖPNV ab Hauptbahnhof Cagliari Richtung Via Sassari, nach 91 Metern auf Piazza Giacomo Matteotti, nach 69 Metern rechts in Via Roma, nach 160 Metern links in Largo Carlo Felice, Ex Tipografia nach 300 Metern in einem Kreisverkehr auf der linken Seite | Öffnungszeiten Mo–Do 8–24 Uhr, Fr, Sa 8–2 Uhr, So 8–24 Uhr | Tipp Der Parco Naturale Molentargius-Saline in der Via la Palma ist ein natürlicher Wildpark mit Flamingos und anderen Vogelarten.

23 Die Grotta Marcello

Vom Bunker zum Nobelrestaurant

Ab dem Mittelalter entwickelte sich der heutige Stadtteil »Castello« um einen aus Kalkstein geformten Hügel herum. Das Gelände wird im Inneren von Höhlen und natürlichen Hohlräumen, den sogenannten »Tuvu«, durchzogen. Was auf Sardisch »Su tuvu« hieß, wurde im 20. Jahrhundert zur »Grotta Marcello«. Aus diesem Steinbruch kamen zahlreiche Materialien, die für die Kalkherstellung von hohem Wert waren. Die Geschichte der Grotte hat aber auch eine dunkle Seite, denn als Cagliari im Zweiten Weltkrieg unter Bombenangriffen der Briten und Amerikaner zu leiden hatte, diente sie als Bunker. Der Besitzer der Grotte, Pietro Marcello, bot den Behörden damals an, sie als Luftschutzbunker zu verwenden, um Dutzende von Menschen vor den Bombenangriffen zu retten. Die Bewohner von Cagliari waren dafür sehr dankbar und wollten der Grotte einen Namen geben. So entstand schließlich der Name »Grotta Marcello«.

Nach dem Ende des Krieges waren viele Viertel zerfallen, viele Familien ohne Zukunft, es gab wenig Hoffnung, und so entschied sich Pietro Marcello, zunächst eine Konditorei zu eröffnen, in der er unter anderem auch Eiscreme anbot. Sein Geschäft gewann sehr schnell an Bekanntheit, sein Sortiment war so gut, dass es für viele Menschen zur Gewohnheit wurde, täglich ein Eis von Marcello zu genießen. Die Grotta Marcello wurde durch ihre bewegende Geschichte zu einem der bekanntesten Etablissements in Cagliari, perfekt gelegen und sehr gut frequentiert. Das Publikum war stets gemischt, einst waren es die Protagonisten des Wirtschaftsbooms, die kamen, heute sind es Geschäftsleute, Studenten und natürlich Touristen. Auch die Musik war in der Nachkriegszeit für viele Menschen ein Grund, die Grotta aufzusuchen, denn hier wurden Jazz, Swing und Rock 'n' Roll gespielt.

Die Grotta Marcello versprüht eine ganz besondere Atmosphäre, eine Mischung aus Vergangenheit und Gegenwart.

Adresse Piazza Yenne 26, 09124 Cagliari, www.grottamarcello.it | ÖPNV ab Hauptbahnhof Cagliari Richtung Via Sassari, nach 91 Metern links auf Piazza Giacomo Matteotti, nach 69 Metern rechts in Via Roma, nach 160 Metern links in Largo Carlo Felice, nach 300 Metern im Kreisverkehr 1. Straße rechts nehmen, dann links auf Piazza Yenne | Tipp Der Botanische Garten in der Via Sant'Ignazio da Laconi 11 ist eine Ruheoase mit sehr altem Baumbestand und verschiedenen Pflanzensammlungen.

24 Das Sardissimo

Kulinarische Reise durch Sardinien

Hohe Wände, Steinbögen im römischen Stil und ein Fußboden, der mit seinen mosaikähnlichen Fliesen so einzigartig ist, dass er zum absoluten Hingucker wird. Nein, das ist kein Museum, wir reden vom sardischen Geschäft schlechthin, das sich in unmittelbarer Nähe des Hafens befindet. Sardissimo als typischen Feinkostladen zu bezeichnen wäre ungerecht, das Geschäft hat so viel Authentizität, ist so lebendig und strahlt pures sardisches Charisma aus. Hier wurde alles akribisch und mit Liebe zum Detail eingerichtet und zusammengestellt. Im ersten Moment hat der Besucher das Gefühl, in einem Souvenirgeschäft gelandet zu sein: alles schön bunt, alles an seinem Platz und gut präsentiert.

Am Eingang steht ein großes, zeitloses weißes Regal, in das die Produkte sorgfältig einsortiert wurden, hingestellt wie kleine Statuen. Inmitten des Raumes füllt eine längliche Vitrine den Platz und präsentiert Milch- und Wurstprodukte sowie das traditionelle Brot »Pane Carasau«, auch »Carta Musica« genannt. Von der Decke ragt ein riesiges Kupferrohr, das im Sommer kalte und im Winter warme Luft ausstößt. Rechts und links der Kassentheke geht es durch einen Steinbogen in die nächsten Räumlichkeiten. Im sogenannten Nudellabor finden die Besucher selbst produzierte Nudeln, Soßen und Kräutermischungen, die zu Hause schnell zubereitet werden können. Das Highlight des Ladens befindet sich jedoch im Tiefparterre, das über ein paar Stufen zu erreichen ist. Mit Steinbögen sowie dunklem Kastanien- und Wacholderholz gleicht es einem mittelalterlichen Schloss. Die Wahl der Einrichtung verrät: Hier verbirgt sich eine spektakuläre Auswahl an Weinen für echte Liebhaber.

Es ist eine kulinarische Gratisreise durch die Insel – und das in einem einzigartigen Geschäft. Seit einiger Zeit verfügt Sardissimo auch über einen gut sortierten Onlineshop mit europaweiter Lieferung.

Adresse Via Giovanni Maria Dettori 22, 09124 Cagliari, www.sardissimo.it | ÖPNV ab Hauptbahnhof Cagliari Richtung Via Sassari, nach 91 Metern links auf Piazza Giacomo Matteotti, nach 69 Metern rechts in Via Roma, nach 160 Metern links in Largo Carlo Felice, nach 300 Metern rechts in Via Giovanni Maria Dettori | Öffnungszeiten Mo–Sa 9–13 und 16.30–19 Uhr | Tipp Im Ristorante Sa Schironada in der Via Lodovico Baylle 39 gibt es sardische Spezialitäten bei gutem Preis-Leistungs-Verhältnis (Tel. +39/070/680570).

25 Der Tabakladen

Eine Familiengeschichte, die 1922 begann

»Danke, aber ich rauche nicht mehr!« Es ist ein wenig wie bei Konditoren, die sagen, dass sie keine Süßigkeiten mehr essen. Giovanni Serra raucht seit einem halben Jahrhundert nicht mehr, obwohl er sein Tabakgeschäft an der Piazza Martiri 8 bereits seit vielen Jahrzehnten mit Würde und Stolz führt. Im Herzen der Hauptstadt, gleich um die Ecke der Bastione di Saint Remy, begann die Geschichte von Giovanni.

Schon zu Grundschulzeiten half er seinem Vater Nicolò, der das Geschäft 1922 gegründet hatte. Jahr für Jahr bedienten sie zusammen ihre Kundschaft mit einer Herzlichkeit, aufgrund derer sich eine besondere Verbundenheit entwickelte, die bis heute andauert. Mit gerade einmal 18 Jahren übernahm Giovanni 1955 das Geschäft und verschaffte sich mit Zuverlässigkeit und Sympathie einen hervorragenden Ruf. Seine »Höhle«, wie er es gern nennt, erstreckt sich auf zehn Meter Länge und drei Meter Breite, geschmückt mit einem antiken Holzeingang. Obwohl er schon längst seinen Ruhestand genießen könnte, steht Giovanni mit seinen 85 Jahren immer noch täglich hinter seinem Tresen, um seine treuen Kunden zu bedienen. Fast 100 Jahre Geschichte erzählen die Wände des Geschäfts, von der Kriegszeit bis zur heutigen jungen Generation mit ihren bunten Klamotten, kabellosen Kopfhörern und Hightech-Smartphones, die Tausende von Songs beinhalten – wobei Giovanni sich lieber an die 50er Jahre erinnert, als es noch Kofferplattenspieler gab.

Der Tabakladen hat sich kaum verändert, seit er ihn von seinem Vater übernommen hat, und von der Theke aus konnte Giovanni die Entwicklung der beliebten Shoppingmeile Via Giuseppe Manno beobachten. Wie ein Symbol steht genau gegenüber auf der Piazza Martiri das Kriegerdenkmal für die Gefallenen, so als würde Giovanni, der sein Leben inmitten von Tabak verbracht hat, sagen: »Ich bin noch da!«

Adresse Piazza Martiri d'Italia, 8, 09124 Cagliari | **ÖPNV** ab Hauptbahnhof Cagliari Richtung Via Sassari, nach 91 Metern links auf Piazza Giacomo Matteotti, nach 69 Metern rechts in Via Roma, nach 160 Metern links in Largo Carlo Felice, nach 300 Metern im Kreisverkehr die 1. Straße rechts nehmen | **Tipp** Die Bastione di Saint Remy an der Piazza Costituzione ist eines der Wahrzeichen im historischen Zentrum der Stadt.

26 Das B&B Littu

Das authentische Bed and Breakfast

Die Auswahl an Übernachtungsmöglichkeiten ist groß. Vom Hotel über Ferien auf dem Bauernhof bis hin zum Campingplatz ist vieles geboten. Empfehlungen sind bei einer solchen Vielfalt willkommen, denn wer sucht nicht nach dem besonderen Etwas für den eigenen Urlaub? Das B&B Littu gehört auf jeden Fall zu den Orten, die eine Auszeichnung verdient haben. Hier wird großer Wert auf Authentizität, Qualität und Bodenständigkeit gelegt. Das Schmuckstück verbirgt sich in den Bergen von Cala Gonone. Marco Secci und Angela Moreno Muñoz haben die Welt bereist: Marco, gebürtiger Sarde, als sehr erfolgreicher Jockey und Angela, die ursprünglich aus Spanien stammt, als Pferdetrainerin. Der Ruf von Marcos Heimat wurde von Jahr zu Jahr lauter, und so entschieden sie sich, dem Pferdesport berufsmäßig den Rücken zu kehren. Doch wie sollten sie auf Sardinien ihr Leben gestalten?

Marco hatte schon immer den Wunsch gehabt, etwas Authentisches mit familiärem Ambiente und möglichst viel sardischer Tradition zu gründen. Und so entstand im Jahr 2016 das B&B Littu, abseits vom Trubel gelegen, aber nur zehn Minuten vom Strand »Spiaggia di Cortoe« und 15 Minuten von Cala Gonone entfernt. Die Atmosphäre ist sehr familiär, denn erstens leben Marco und Angela mit ihren Kindern und Tieren selbst auf dem Grundstück, und zweitens bietet die Unterkunft Platz für maximal neun Personen. Das Frühstück wird liebevoll in einer urigen Hirtenhütte, einer sogenannten »Cuile«, serviert. Es besteht aus Süßem und Herzhaftem. Der Kuchen ist selbst gebacken, der Käse kommt ebenfalls aus eigener Herstellung. Neben Letzterem können Besucher weitere Produkte erwerben, beispielsweise den Likör Mirto, Grappa und Marmelade.

Auf Wunsch bieten Marco und Angela auch Mittag- und Abendessen an, das ebenfalls in der wunderschön eingerichteten Hirtenhütte serviert wird. Wer Ruhe und Entspannung sucht, ist hier genau richtig!

Adresse Agro di Dorgali Littu, 08022 Cala Gonone, Tel. +39/342/7296316 | Anfahrt SS 131 Diramazione Centrale Nuorese, Ausfahrt Dorgali, Richtung Cala Gonone/Onanì, weiter auf SP 73, SP 38 und dann auf SS 125 Orientale Sarda, nach 3,2 Kilometern rechts auf Strada per Grotta Ispinigoli e Spiaggia Cartoe, nach 5,5 Kilometern leicht rechts | Öffnungszeiten ganzjährig | Tipp Der Parco Museo S'Abba Frisca, ein Museumspark und Lehrbauernhof in Dorgali, ermöglicht eine Reise in die Vergangenheit. Bei einem Rundgang erhalten Besucher eine Einführung in das sardische Kunsthandwerk (www.sabbafrisca.com).

27 Der Elefantenfels

Die besondere Felsformation

Felsformationen prägen die Landschaft Sardiniens seit Jahrhunderten, und einige davon haben über die Jahre bizarre Formen angenommen. So auch der Elefantenfels. Unweit der malerischen Stadt Castelsardo, an der SP 134, erhebt er sich kurz nach der Kreuzung Richtung Valledoria direkt am Straßenrand mit einer Höhe von circa fünf Metern. Der durch die Witterung geformte Felsbrocken nahm mit der Zeit immer mehr die Form eines Elefanten an, sodass er schließlich seinen Namen erhielt. Doch schon lange bevor die Natur der Felsformation ihren Feinschliff gab, diente diese den Menschen der Nuraghenzeit. Sie schlugen Nischen in den Felsbrocken, um darin die Urnen ihrer Toten beizusetzen, und fügten diverse Gravierungen wie Stier- oder Kuhköpfe hinzu.

Ursprünglich war der Elefantenfels, der aus vulkanischem Gestein mit rostfarbenen Schichten besteht, ein Teil des Felskomplexes des Monte Castellazzu, von dem er wahrscheinlich irgendwann hinabrollte. Aus offiziellen Dokumenten geht hervor, dass er früher »Sa Pedra Pertunta« (der durchbohrte Stein) genannt wurde und erst im Jahr 1914 von dem Gelehrten Edoardo Benetti den Namen »Roccia dell'Elefante« erhielt. Es wird erzählt, dass das alte Valledoria, damals bekannt als Codaruina, ein sehr aktives und reiches Gebiet gewesen sei, das durch eine unerwartete Naturkatastrophe für immer verschüttet wurde und somit in Vergessenheit geriet.

Fossilien, die auf der Oberfläche des Felsens und in den umliegenden Bergen zu finden sind, wobei es sich primär um Fossilien ozeanischen Ursprungs handelt, verleihen der Legende Glaubwürdigkeit. Es ist beeindruckend, wie viel Geschichte sich hinter einem Felsbrocken verbergen kann. Erst kürzlich wurde der Elefantenfels auf die Liste der »oggetti fuori dal tempo«, die Liste der »Objekte außerhalb der Zeit« aufgenommen, die besonders außergewöhnliche, durch die Natur entstandene Gebilde umfasst.

Adresse SS 134, Kilometer 19,300, 07031 Castelsardo | Anfahrt SS 672 Sassari–Tempio, Ausfahrt Perfugas / Erula, über SP 2, SS 127 Settentrionale Sarda, SP 92, SP 33, dann auf SP 90, nach 6,9 Kilometern leicht rechts, nach zwei Kilometern links auf SS 134 di Castelsardo | Tipp Wenn man schon beim Felsen ist, bietet es sich an, auch den nahe gelegenen »Parco della Roccia dell'Elefante« zu besuchen.

28 Die Stadt der Handwerkskunst

Ein malerischer Ort mit viel Charme

Sardinien und seine fast 2.000 Kilometer lange Küste: Von luxuriösen Hotspots über lange Strände und unberührte Natur bis hin zu zahlreichen Städten hat die Insel viel zu bieten. In der Sommerzeit heiß und lebendig, in der Winterzeit ruhig und verlassen. Doch es gibt auch einige Städte, die sich ihren Charme in der Winterzeit bewahren, eine davon ist Castelsardo. Die Gemeinde mit 5.867 Einwohnern gehört zu den »borghi più belli d'Italia«, den schönsten Orten Italiens. Eine Mischung aus bunten Häusern, traditionellen Handwerksgeschäften und einer mittelalterlichen Burg aus dem Jahr 1102 mit 17 Türmen, die die Stadt zu einer unbezwingbaren Festung machten. Heute befindet sich hier das Flechtkunstmuseum »Museo dell'Intreccio Mediterraneo«, das zu den meistbesuchten der Insel gehört.

Eine malerische Altstadt, die sowohl tagsüber als auch abends wie ein Gemälde wirkt. Als Titel wäre »Vier Jahreszeiten« passend, denn im Frühjahr blühen Küstenblumen und andere Pflanzen und heißen ihre Besucher willkommen. Im Sommer ist die Stadt lebhaft und bunt, zur Herbstzeit leicht melancholisch, im Winter wird sie von den wuchtigen Wellen umspült. Castelsardo ist ein Ort, an dem sich Poeten Inspiration holen, ein Platz zum Innehalten und Genießen. Die zahlreichen Schaufenster entlang der Hauptstraße vermitteln die Liebe zur Handwerkskunst. Verwendet werden unter anderem Holz und Keramik, aber auch Recyclingmaterialien, die wunderschöne Kunstwerke ergeben.

Wer Castelsardo besucht, wähnt sich in einem Freilichtmuseum, das sich auf einem Felsvorsprung inmitten des Golfs von Asinara erhebt. Bei klarem Wetter erscheint in der Ferne die Küste von Korsika, die wie eine Fata Morgana wirkt. Welcher Künstler es auch immer war, der dieses Gemälde geschaffen hat, es ist ihm vollkommen gelungen.

Adresse 07031 Castelsardo | **Anfahrt** SS 131 Carlo Felice Richtung Sassari, der Circonvallazione Variante del Mascari folgen, nach 6,2 Kilometern SP 60 und SP 48 bis SS 200 dell'Anglona in Sorso, nach 16,2 Kilometern links auf SS 200 dell'Anglona, 16,3 Kilometer bis zum Ziel | **Tipp** Auf dem Mercato dell'Artigianato in der Via Roma 15/17 gibt es sardische Handwerkskunst und typische Produkte der Insel zu kaufen. In den Sommermonaten ist er von 9 bis 1 Uhr geöffnet.

29 Das Castello Etzu

Die Gesänge des Geisterschlosses

Inmitten der grünen Berge des Montiferru ließ Ittocorre di Gallura, Richter der Gallura zu Beginn des 12. Jahrhunderts, im Jahr 1186 das Schloss Etzu bauen, um das Königreich vor der Macht der Judikate von Arborea zu schützen. Dies gelang leider nur bis zum 13. Jahrhundert, als es schließlich dem Judikat von Arborea angegliedert wurde. Das Schloss wurde über die Jahre von verschiedenen mächtigen Familien bewohnt. Im Jahr 1410 sogar von den Aragonesen, als sie versuchten, Sardinien zu erobern.

Der Ruhm, den das Schloss letztendlich erlangte, war allerdings den Ereignissen rund um die spanische Familie Zatrillas zu verdanken, in deren Besitz es bis zum Jahr 1670 war. Den Ruf eines traurigen Geisterschlosses bekam es durch die zahlreichen dramatischen Geschehnisse im trostlosen und wechselhaften Leben von Francesca Zatrillas, Markgräfin von Laconi und Ehefrau von Agostino di Castelvì. Dabei ging es um politische Intrigen, Verrat und eine verbotene Liebe. Unter anderem wurde sie angeklagt, ihren Ehemann ermordet und bei dem Komplott gegen den Vizekönig Camarassa teilgenommen zu haben. Ihr komplettes Vermögen wurde beschlagnahmt. Sie schaffte es, nach Livorno zu fliehen.

Daraufhin kaufte im Jahr 1670 Don Francesco Brunengo das Schloss. Noch im selben Jahr wurde es jedoch verlassen. Es heißt, die Burgherren seien in einer Schlacht vernichtet worden, nur der jüngste Sohn und sein Kindermädchen sollen überlebt haben. Man sagt, sie hätten sich bis zu ihrem Tod in unterirdischen Räumen versteckt. Und so sollen noch heute in der Nacht ihre Gesänge und ihr Flüstern zu hören sein. Auf einem einsamen Hügel in den Bergen des Montiferru verfielen die Mauern des Schlosses von Jahr zu Jahr mehr, es wurde schließlich zur Ruine. Diese befindet sich nur 3,5 Kilometer von Cuglieri entfernt und ist vom Parkplatz aus über eine Steintreppe zu erreichen.

Adresse SP 19, 09073 Cuglieri | Anfahrt SS 131, Ausfahrt Bonarcado, auf SP 11 und anschließend weiter geradeaus auf SP 65, nach 9,6 Kilometern links auf SP 15, nach 1,2 Kilometern rechts auf Via delle Opere Pie / SP 19, der Straße für weitere 14,7 Kilometer folgen, Ziel auf der linken Seite | Tipp Die Trattoria im Vico Cugia 6 bietet authentische sardische Küche, es ist alles hausgemacht (Tel. +39/0785/39660).

30 Die Kapelle La Madonnina

Ein kleiner religiöser Ort in den Bergen

Religiöse Andachtsorte gibt es auf Sardinien wie Taxis in New York – in unterschiedlichen Varianten, Größen und Lagen. Diejenigen, die es ruhig und einsam mögen und nicht unbedingt eine große Kirche brauchen, sollten die kleinen Kapellen mitten in der Natur aufsuchen. Zwischen Santu Lussurgiu und Cuglieri befindet sich eine solche. Auf dem höchsten Punkt der SP 19, bevor es wieder bergab geht, steht die winzige Kapelle La Madonnina auf knapp 1.000 Höhenmetern mit einem gewaltigen Ausblick in Richtung der Nordseite des Bergmassivs Monte Ferru. Seine eigentümlich rote Farbe bekam es durch das stark eisenhaltige Basalt- und Trachytgestein. Mitten in der Natur wurde die kleine Kapelle 1980 zu Ehren von Santa Maria della Neve errichtet.

Anlässlich der Marienfeierlichkeiten, die jedes Jahr am 7. August zelebriert werden, verlassen die Gläubigen der Gemeinschaft Cuglieri in einer Prozession mit der Heiligenfigur auf einem von zwei Ochsen gezogenen Karren das bewohnte Zentrum, um nach 8,8 Kilometern die Kapelle La Madonnina zu erreichen. Eine sehr aufwendige Prozession, denn für den Weg hin und zurück braucht man vier Stunden; doch den Einwohnern ist keine Mühe zu groß, um die Heilige zu ehren. Die Kapelle ist bei genauer Betrachtung eine Hütte, deren Frontwand durch ein Gitter ersetzt wurde. Die Statue der Heiligen wird sehr gepflegt und ist stets mit frischen Blumen dekoriert. Von der Straße geht es über einige Stufen und versteckt hinter Eichenbäumen zu einer atemberaubenden Kulisse und zu zwei weiteren Naturschönheiten: den Wasserfällen S'Istrampu e Massabari und Istrampos de Pedras Rujas. Orte, die Emotionen hervorrufen und Besinnlichkeit ausstrahlen. Die Lage in der Natur verleiht den Besuchern inneren Frieden, Ruhe und Gelassenheit.

In dem nahe gelegenen Ort Santu Lussurgiu wird noch viel traditionelle Handarbeit gefertigt, ein Abstecher lohnt sich!

Adresse Piazza Santa Maria, 09073 Cuglieri | **Anfahrt** SS 131 Carlo Felice, Ausfahrt Bonarcado, 160 Meter auf SP 11, dann 180 Meter geradeaus auf SP 65, nach 9,6 Kilometern links auf SP 15, nach 1,2 Kilometern rechts auf Via delle Opere Pie / SP 19, Kapelle nach 9,4 Kilometern auf der linken Seite | **Tipp** Das Ex Seminario Pontificio Regionale an der SP 19 bei Cuglieri ist das ehemalige päpstliche Regionalseminar Sardiniens. Bis 1971 hatte es diese Funktion inne – ein imposantes Gebäude mit einer beeindruckenden Geschichte.

31 Das Dorf der Tracht

Sardische Authentizität wird hier großgeschrieben

Desulo ist ein wunderschöner Ort in der Barbagia in der Provinz Nuoro, der unter anderem für seine sardische Tracht bekannt ist. Die 2.310 Einwohner leben verteilt auf die drei historischen Viertel Ovolaccio, Issiria und Asuai, die früher durch schmale Steinwege verbunden waren. Heute gehen die Ortsteile fließend ineinander über. Tradition hat auf ganz Sardinien einen hohen Stellenwert. Aus diesem Grund haben sich alle drei Viertel ihre Eigenheiten bewahrt und bringen diese zu verschiedenen Anlässen wie beispielsweise dem Dorffest zum Ausdruck.

Doch was verbindet die Viertel mit der Tracht von Desulo? Die Legende erzählt, dass die drei Viertel die alten Regionen der Barbagia – Ollolai, Belvì und Seulo – darstellen, weshalb ihre drei Stadtfarben Rot, Gelb und Blau bis heute die Hauptfarben der weiblichen Tracht des Dorfes sind. Die Tracht hat in Desulo einen wichtigen Stellenwert, und sie wird noch heute regelmäßig von den Frauen getragen. Sie zeichnet sich durch ihre Farbgebung und den dazugehörigen Schmuck aus und ist eine der wichtigsten Trachten Sardiniens. Unter Verwendung verschiedener kostbarer Stoffe wird die Tracht ausschließlich in Handarbeit angefertigt und für bis zu 12.000 Euro pro Stück verkauft. Tradition hat einen stolzen Preis.

Neben der Tracht gibt es noch vieles mehr zu entdecken. In den Sommermonaten hält der beliebte Trenino Verde (Schmalspurbahn) am Bahnhof in Desulo, um seine Fahrt zwischen Isili und Sorgono fortzusetzen. Die Reise führt über alte Steinbrücken im römischen Stil und durch traumhafte Täler. Seit 130 Jahren verbindet der Trenino Verde als längstes touristisches Eisenbahnnetz Europas (438 Kilometer) das Landesinnere mit der Küste. Desulo ist ein Ort mit Charme, am Ortseingang steht sogar eine circa zwei Meter große Statue, die die Frauentracht repräsentiert. Ein Ort, der ganz viel sardische Authentizität zu bieten hat.

Adresse 08032 Desulo | Anfahrt der SS 295 und anschließend der SP 7 für 7,6 Kilometer bis nach Desulo folgen | Tipp Beim Panificio Artigiano Mannu Egidio in der Via Cagliari 240 gibt es die typische Spianata sarda und viele weitere sardische Köstlichkeiten.

32 Das Nuraghendorf Tiscali

Die Siedlung aus der Bronzezeit

In der wilden Natur des Gennargentu, unweit des Canyon Gorropu in der Provinz Nuoro, beeindruckt ein Ort, an dem die Zeit stehen geblieben zu sein scheint: die vorgeschichtliche Siedlung der Nuraghenkultur. Sie ist einzigartig, sowohl was ihre Lage als auch ihre Bauweise betrifft und nicht zuletzt aufgrund der sie umgebenden Schätze.

Das Dorf stammt aus der Endphase der Nuraghenkultur (1500–800 vor Christus) und liegt im Lanaittu-Tal östlich von Oliena bei Dorgali zwischen den hohen Karstbergen. Die Reste der Siedlung befinden sich nahe der eingestürzten Doline Sa Curtigia de Tiscali. Etwa 40 Mauern damaliger Hütten sind erkennbar, ihre Funktion ist bis heute noch nicht komplett ergründet. Es wird vermutet, dass dort bis zu 200 Menschen gelebt haben. Die Forschung geht weiter, unter anderem soll geklärt werden, wie der Wasservorrat beschafft wurde, denn die nächste Quelle ist sieben Kilometer entfernt.

Wer das Dorf besuchen möchte, sollte Trekkingschuhe tragen und auch sonst entsprechende Ausrüstung dabeihaben, denn die Wanderung mit herrlicher Aussicht dauert etwa zwei Stunden. Startmöglichkeiten gibt es auf der dorgalesischen Seite der Brücke »Sa Barva«, über die die spektakulären Felswände leicht zu erreichen sind. Auf der olianischen Seite führen die Wege an »Su Gologone« vorbei, einer Karstquelle, die durchschnittlich 400 Liter pro Sekunde hervorbringt. Der Quelltopf bezieht sein Wasser aus dem gesamten Supramonte, einer Fläche von ungefähr 160 Quadratkilometern. Ist der Wasserstand normal, sind tiefe Blicke in das smaragdgrüne Wasser möglich. Der Rückweg führt die Besucher über den Tiscali-Pfad durch die herrliche Landschaft des Supramonte. In der Talsohle angekommen, entdeckt man mehrere Höhlen, darunter »Sa Oche«, »Su Bentu« und »Corbeddu«. In letzterer wurden rund 20.000 Jahre alte Spuren des Homo sapiens gefunden.

Adresse Monte Tiscali, 08022 Dorgali | Anfahrt SS 131 Diramazione Centrale Nuorese bis SS 389var di Buddusò e del Correboi in Nuoro, weiter über Circonvallazione Sud, SP 22, SP 46 und Strada per Su Gologone / Lanaitto bis Strada per Valle di Lanaittu in Oliena, 6,9 Kilometer bis zum Ziel | Tipp Der Arcu Suttaterra, ein etwas anderer Felsbogen in der Località Suttaterra in Dorgali, ist von atemberaubenden Wanderwegen umgeben.

33 Die alte Wassermühle

Mechanische Mahltechnik aus dem Jahr 1750

Mitten im Stadtzentrum von Fluminimaggiore befinden sich die antike Wassermühle aus dem Jahr 1750 und das Museum mit über 2.500 ausgesuchten Gegenständen aus einer anderen Zeit. Heute noch produziert die Mühle, deren treibende Kraft der unterhalb fließende Riu Mannu ist, Vollkornmehl.

Dass es das ethnografische Museum gibt, ist Bruno Murtas zu verdanken. Er setzte sich mit viel Liebe und Leidenschaft und mit der Unterstützung der Gemeindeverwaltung dafür ein, die alte Mühle zu renovieren, die verschiedenen Gegenstände wiederzuerlangen, und kümmert sich unermüdlich um ihre Präsentation. Das Museum verfügt über elf Ausstellungsräume. Der wichtigste Teil befasst sich mit den verschiedenen Produktionsstufen, der Getreideverarbeitung und natürlich mit der Mühle selbst. Aber auch Objekte der Viehzucht, der Landwirtschaft und des traditionellen Handwerks sind ausgestellt. Die Zahl der Exponate hat sich seit der Eröffnung im Jahr 1998 stark erhöht. Dies ist der Großzügigkeit der Flumineser zu verdanken, die die kostbaren Alltagsobjekte und Werkzeuge gespendet haben.

Zu bestaunen sind unter anderem Eisenmarken zum Kennzeichnen von Tieren, Messinstrumente aus Holz, Kork und Eisen, Gerätschaften fürs Melken und die Käseherstellung und Werkzeuge zum Weben. Aber auch Kinderspielzeug ist zu sehen. Ein kunterbunter Mix aus Gegenständen, die das Wohn- und Arbeitsumfeld von Bauern, Hirten und kleinen Handwerkern geprägt haben. Ebenfalls interessant sind die gut erhaltenen Ochsenkarren aus dem späten 19. Jahrhundert, die als Transportmittel für das Mehl dienten. Einen Besuch ist das Museum auf jeden Fall wert – man erfährt hier, wie früher auf mechanische Art Weizen gemahlen wurde. Bei einer geführten Besichtigung bekommt man die Möglichkeit, sein Wissen über die Geschichte, die Traditionen und die kulturelle Identität Sardiniens zu vertiefen.

Adresse Piazza Gramsci 1, 09010 Fluminimaggiore | Anfahrt SS 131, Ausfahrt Pabillonis, SP 98 und SS 126 bis Viale Antonio Congia in Fluminimaggiore | Öffnungszeiten Di–So 10–13 und 16–19 Uhr | Tipp Bei der Foresta Demaniale di Gutturu Pala in San Benedetto bei Fluminimaggiore handelt es sich um einen wunderschönen Wald und einen faszinierenden Ort mit alten Minen, Mauern und Höhlen.

34 Der Tempel von Antas

Vom punischen zum römischen Tempel

In einer menschenleeren Gegend, umgeben von den dichten Wäldern an den Hängen des Berges Conca S'Omu, wird der Besucher nach einer abenteuerlichen Fahrt über eine Serpentinenstraße von dem neun Meter hohen römischen Tempel von Antas erwartet. Er wurde um 500 vor Christus von den Puniern errichtet und in der Zeit des Kaisers Caracalla (211–217) von den Römern abgerissen und neu aufgebaut. Entdeckt wurde der Tempel erst im letzten Jahrhundert – und teilweise zerstört und geplündert. Zwischen 1966 und 1968 wurde er von Ferruccio Barreca rekonstruiert, der auch mit den ersten offiziellen Ausgrabungen begann.

Vom punischen Tempel sind nur noch Relikte der Grundmauern zu erkennen, aber auch vom römischen Heiligtum blieb wenig erhalten. Der später gebaute römische Tempel war wie sein Vorgänger nordwestlich ausgerichtet, obwohl die römischen Tempel eigentlich stets nach Osten wiesen. Weitere Hinweise darauf, dass der Tempel ursprünglich aus punischer Zeit stammt, sind die beiden seitlichen Öffnungen der punischen Zelle und die beiden im Boden ausgehöhlten Reinigungsbecken vor den Zelleneingängen. Archäologen machten darüber hinaus im Jahr 1984 die Entdeckung, dass es direkt vor Ort ein nuraghisches Dorf gegeben haben muss, bestehend aus einer Nuraghe in Tholosform (Rundbau) und sieben Hütten. Reste der Grundmauern sind knapp 250 Meter vom Tempel entfernt noch heute zu sehen.

Beim Ticketkauf gibt es eine deutsche Wegbeschreibung dazu, und man kann direkt vor Ort Getränke und Snacks erwerben. In den Sommermonaten stehen einige Schattenplätze zur Verfügung, um sich von der Hitze zu erholen. In der näheren Umgebung des Tempels sind noch weitere Dinge zu bestaunen, so zum Beispiel etwa zehn Minuten entfernt eine jahrhundertealte Korkeiche, die eine seltsame Form angenommen hat. Aber auch ein Besuch der Grotte von Su Mannau lässt sich wunderbar mit der Besichtigung des Tempels verbinden.

Adresse SS 126 Strada per Antas Bivio per Antas, 09010 Fluminimaggiore | Anfahrt SS 131, Ausfahrt Pabillonis, SP 98 und SP 4.20/SP 64 bis SS 126 Guspini, weiter bis Strada per Antas, verläuft nach links und wird zur SC Antas, 200 Meter bis zum Tempel | Öffnungszeiten April – Okt. täglich 9.30 – 17.30 Uhr | Tipp Die Grotta di Su Mannau in Fluminimaggiore ist eines der ältesten und weitreichendsten Höhlensysteme der Welt.

35 Der höchstgelegene Ort

Mitten im Nationalpark Gennargentu

Im Herzen der Insel, umgeben von jahrhundertealten Wäldern, liegt knapp 1.000 Meter über dem Meeresspiegel der Ort Fonni. Mit seinen schiefergedeckten Dächern, den mit Murales geschmückten Hauswänden und den Gassen aus Kopfsteinpflaster muss er seit jeher extremen Witterungen standhalten. Wenn der starke Wind, der Regen und das Gewitter vorbeigezogen sind, zeigt sich Fonni von seiner schönsten Seite und gleicht einem bunten Regenbogen. Die Landschaft, die sich bis zum Horizont präsentiert, besteht aus den tiefen und weiten Tälern der Barbagia und bietet eindrucksvolle Farbkontraste. Ein Geschenk für die Augen.

Fonni ist ein idealer Ort, um Wanderungen zu starten, die zahlreichen Wege zu erkunden und sich anschließend mit landestypischen Gerichten in den Gaststätten der Gemeinde verwöhnen zu lassen. Es bietet sich an, den Ort zu Fuß zu erkunden, und es gibt wirklich viel zu entdecken: das Museo della Cultura Pastorale (Schäfermuseum) in der Via Gennargentu, das Antiquariat von Antonella Peddio in der Via Basilica 9, die Fattoria Gennargentu in der Via Pacifico 79, in der exquisite Wurstwaren aus eigener Herstellung probiert und gekauft werden können, und die Kirche Madonna dei Martiri auf der Piazza Martiri.

Jede Gasse, jedes Haus zeichnet sich durch eine Besonderheit aus, als würden die Gebäude den Charakter der 3.834 Einwohner ausdrücken wollen. Ein faszinierender Ort, der auch kulinarisch überzeugt, zum Beispiel mit der Konditorei Sapori del Passato von Giovanna Innocenti und dem Agriturismo Muggiana, der seine Gäste mit einem Menü verwöhnt, das ausschließlich Produkte aus eigener Herstellung enthält. Fonni ist ein Ort, der viel zu bieten hat, besonders in der Winterzeit. Freunde des Wintersports kommen voll auf ihre Kosten, denn was nur ganz wenige wissen: Es gibt hier sogar ein Skigebiet mit allem, was dazugehört – von der Piste bis zum Lift.

Adresse 08023 Fonni | Anfahrt SS 389var di Buddusò e del Correboi, Ausfahrt Fonni, über SS 389dir/B bis Fonni | Tipp Das B&B Casa Masini in der Via Alfonso Lamarmora 4 ist eine gemütliche, rustikale Unterkunft mit sehr gutem Frühstück (Tel. +39/346/9565511).

36 Der Monte Bruncu Spina

Perle des Gennargentu-Gebirges

Die Landschaft Sardiniens ist einzigartig: wild und bunt, mit skurrilen Felsformationen, atemberaubenden Stränden, Wildpferden in freier Natur, bezaubernden Wasserfällen – die Liste wäre ewig fortzuführen. An eines würde jedoch niemand denken, und das ist Schnee! Der Gipfel des Bruncu Spina, der als »Perle des Gennargentu-Gebirges« bezeichnet wird und nach der Punta La Marmora mit 1.829 Metern die zweithöchste Bergspitze Sardiniens ist, hüllt sich im Winter in einen dicken weißen Mantel. Hinter seinem Namen versteckt sich eine Besonderheit, die zwischen Frühjahr und Herbst zu erleben ist, denn übersetzt heißt Bruncu Spina »Distelspitze«. Im Winter werden die Disteln von einer wunderschönen weißen Schneeschicht bedeckt, die eine Höhe von über 1,50 Metern erreichen kann.

Das Gebiet ist bis auf 1.400 Höhenmeter von Steineichen geprägt, darüber werden diese durch eine Vegetation aus Flaumeichen und rotem Wacholder ersetzt. Rund um den Gipfel wachsen verschiedene Straucharten, Dornginster, Heiligenkraut, Thymian und sogar Pinien. Für Naturliebhaber ein Genuss, denn in dieser Vegetation findet man bemerkenswerte Lebewesen, darunter Baummarder, Damhirsche, Füchse, Gänsegeier, Habichtadler, Mufflons, Rotmilane, Steinadler, Wildschweine und Sardische Wildkatzen.

Auf dem Gipfel angekommen, bietet sich ein sagenhaft weiter Blick auf eine unberührte, authentische Natur. Im Frühjahr kann man hier eine ganz seltene Pflanzenart entdecken, die Lamyropsis microcephala, die zur Familie der Distelgewächse gehört und hier nur auf knapp 100 Quadratmeter Fläche wächst – das ist einzigartig! Sie erreicht eine Höhe von bis zu 80 Zentimetern und ist sehr stachelig. Das Gebiet umfasst sehr viele Wandermöglichkeiten mit phantastischen Aussichten und bietet die Möglichkeit, Sardinien und seiner überwältigenden Schönheit noch näher zu kommen.

Adresse Località Bruncu Spina, 08049 Fonni | Anfahrt SS 389var di Buddusò e del Correboi, Ausfahrt Fonni, Richtung Fonni, über SP 69 und SP 7 bis zur Località Bruncu Spina | Tipp Die Punta La Marmora, Sardiniens höchste Bergspitze mit 1.834 Höhenmetern, wird auch als Dach der Insel bezeichnet, denn von hier aus sieht man bei guten Wetterverhältnissen bis nach Korsika.

37 Die Kupfermine

Eine der reichsten Kupferlagerstätten Europas

Die Mine Funtana Raminosa ist ein wahrhaftiges Juwel der Industriearchäologie. Sie befindet sich in der Barbagia zwischen den Orten Gadoni, Belvì und Seui. Sardinien überrascht immer wieder mit facettenreichen Geschichten und einmaligen Schätzen.

In der ehemaligen Mine wurde jahrtausendelange Bergbaugeschichte geschrieben, die ihre Wurzeln in der Jungsteinzeit und Römerzeit hat. Denn bereits 1600 vor Christus extrahierte die nuraghische Bevölkerung wesentliche Bestandteile der Bronze, die in der Weiterverarbeitung zu Modellstatuetten, Waffen, Werkzeugen und Schmuck gegossen wurden. Doch die Mine zeichnet noch etwas anderes aus: Sie gehört zu den reichsten Kupfervorkommen Europas und ist eines der acht Gebiete, aus denen sich der Geo-Bergbau-Park Sardiniens zusammensetzt, der zu den UNESCO-Geoparks gehört. Inzwischen ist die Mine ein Freilicht- und ein unterirdisches Museum, das nach Vereinbarung mit Mario Deligia und Antonello Moi besichtigt werden kann. Mario hat selbst viele Jahre in der Mine gearbeitet und begleitet heute die Besucher, wobei er mit Herz und Seele vom Minenalltag berichtet.

Die über 70 Kilometer langen unterirdischen Gänge verfügen über 150 Verbindungstunnel. Der Hauptkupferbrunnen erstreckt sich über eine Fläche von etwa 150 Quadratkilometern und liegt zehn Kilometer von Gadoni entfernt. Es war der Spanier Pietro Xinto, der im Jahr 1517 die ersten großen Ausgrabungen durchführen ließ, doch erst im 19. Jahrhundert wurden die römischen Galerien wiederentdeckt, und die tatsächliche industrielle Aktivität begann erst im frühen 20. Jahrhundert. In den 1960er Jahren wurden im Zuge der Bergbaukrise viele Fabriken geschlossen. Zu dieser Zeit waren 300 Arbeiter in der Mine beschäftigt. Es wurde alles unternommen, um das Geschäft zu retten, doch alle Versuche scheiterten. Im Jahr 1983 wurde Funtana Raminosa geschlossen.

Adresse Miniera Funtana Raminosa, 08030 Gadoni | Anfahrt SS 442 di Laconi e di Uras, nach 21,1 Kilometern links auf SS 128 Centrale Sarda / SS 128, weiter über SP 52bis und SP 52, nach 3,5 Kilometern rechts, nach 4,8 Kilometern links, nach 3,2 Kilometern geradeaus, dann rechts abbiegen, Mine auf der linken Seite | Öffnungszeiten nur geführte Besichtigung möglich, Infos unter Tel +39/345/0789622 | Tipp Im Gebiet zwischen Gadoni und Seulo findet man die »Piscine Naturali del Flumendosa Is Caddaias« – ein wunderschöner Wasserfall mit natürlichem Becken.

38 Das Geisterdorf

Es war einmal …

Wo früher an den Sonntagen Hirtenbrot gebacken wurde, das bereits morgens duftete, wo Bauern ihre Milch zu Pecorino verarbeiteten, wo gehupt wurde, weil die Gassen zu eng für zwei Autos waren, nahm das Leben im Oktober 1951 eine schreckliche Wende.

Regen und heftige Stürme suchten das Dorf über Tage heim, die Straßen waren kaum befahrbar, Bäume lösten sich aus der Erde und wurden vom Sturm zum Dorf hinabgerissen. Der Regen wollte einfach nicht aufhören, durch die gewaltigen Wassermengen entstand eine Schlammlawine, die das Dorf erfasste. Da es bereits in den 50 Jahren davor mehrere Erdrutsche gegeben hatte, beschloss die Regierung, das Dorf Gairo Vecchio für unsicher zu erklären, und ließ es evakuieren. Für die Bewohner war es eine schreckliche Situation, sie durften aufgrund der Gefahr nicht viel mitnehmen, denn viele Gassen hatten sich so stark geneigt, dass der Zutritt zu riskant war. Spielzeug, Töpfe, Kleidung, Möbelreste – die Gassen waren bedeckt mit Trümmern. Die Region baute drei neue Dörfer für die Einwohner, eines davon trägt den Namen Gairo und liegt oberhalb des alten Dorfes Gairo Vecchio, das zweite Dorf heißt Taquisara und ist nur wenige Kilometer entfernt, das dritte wurde in Meernähe gebaut und Gairo Cardedu genannt, heute ist es einfach als Cardedu bekannt.

Gairo Vecchio wurde zu einem Geisterdorf. Die Atmosphäre ist fast ein wenig gruselig. Besucher erwartet eine unheimliche Stille, dazu windschiefe Häuser ohne Fenster und Türen. Aus der Ferne glaubt man, die eigenen Schritte zu hören, wie ein Echo aus einer anderen Zeit. Vor allem zur Herbst- und Winterzeit, wenn sich die kalten und nebligen Tage heranschleichen, herrscht eine mystische Stimmung. Es überkommt einen das Gefühl, vom Nebel der Vergangenheit eingehüllt zu werden. Es ist wahrscheinlich der Ort auf Sardinien, an dem vor allem ein Gefühl vorherrscht: Demut.

Adresse SS 198 di Seui e Lanusei, 08040 Gairo | Anfahrt SS 131, Ausfahrt Nuoro/Tortolì, Richtung Mamoiada/Lanusei auf SS 389var di Buddusò, nach 52 Kilometern weiter auf SS 389 Richtung Lanusei/Arzana und weiter bis Taquisara, dann links auf SS 198 di Seui e Lanusei, noch 6,4 Kilometer bis Gairo Vecchio | Tipp Beim Osservatorio Astronomico »Ferdinando Caliumi« in der Località Monte Armidda in Gairo Sant'Elena handelt es sich um eine kleine Sternwarte, in der Hobbyastronomen Besuchern so einiges über Planeten und Sterne erzählen.

39 La Dolce Vita

Süße Verführung par excellence

La Dolce Vita ist eine dieser typischen Perlen, die nicht auf den ersten Blick erkannt werden. Doch wer die Konditorei einmal betreten hat, wird bestimmt nicht gleich wieder hinausgehen, sondern sich lieber einen freien Tisch suchen. Sardinien ist in der Mittelmeerregion sicher eine der Inseln mit der reichsten und vielfältigsten Süßwarentradition, was jedoch über die Insel hinaus noch wenig bekannt ist – anders als bei der Nachbarinsel Sizilien.

Die Konditorei ist sehr stilvoll und hell eingerichtet und verfügt über eine große Terrasse. Liebe zum Detail wird hier nicht nur großgeschrieben, sondern ist das Markenzeichen des Betriebs. Gian Piero Loddo und sein professionelles Team verwöhnen ihre Kunden mit einer Auswahl aus einzigartigen Mignons (kleinen Törtchen), die Namen wie Bignè al Torrone, Royal Noce, Tortino Arancio oder Cappuccetto Rosso tragen. Und das in Ghilarza in der Provinz Oristano, abseits der Tourismushochburgen. Hier hat der Kunde die Qual der Wahl, es erwartet ihn ein schier endloses Angebot an meisterlichen Kunstwerken, sowohl optisch als auch im Geschmack. Die Konditorei wurde in unterschiedlichen Kategorien bereits mehrfach ausgezeichnet. Erst im November 2021 wurde ihr Panettone Artigianale das dritte Jahr in Folge unter die 20 besten Italiens gewählt.

Gian Piero Loddo begann seine Ausbildung im Jahr 1983 nach zehnjähriger Erfahrung in einer Konditorei. Er startete in der renommierten Schule »Etoile« in Sottomarina in Chioggia und führte sie in einer der anerkanntesten gastronomischen Ausbildungsstätten Italiens, der »CAST Alimenti« in Brescia«, fort. Gian Piero legt sehr großen Wert auf die Qualität der Zutaten. Auf Margarine, industrielle Halbfabrikate und künstliche Aromen wird verzichtet. Er setzt stattdessen auf aromatische regionale Produkte wie Mandeln, Honig, Ricotta und Zitrusfrüchte.

Adresse Corso Umberto I 259, 09074 Ghilarza, www.pasticcerialadolcevitaghilarza.it | Anfahrt SS 131 Carlo Felice, Ausfahrt Abbasanta, nach 300 Metern weiter auf Via Oristano, nach 1,4 Kilometern rechts auf Via Vittorio Emanuele, nach 900 Metern rechts auf Viale Antonio Gramsci, nach 230 Metern weiter auf Corso Umberto I | Tipp Wer Lust auf einen phantastischen Burger mit Pommes frites hat, ist im Stone Art Cafè in der Via del Mandrolisai in Abbasanta genau richtig (Tel. +39/347/0974859).

40 Die Tomba di San Cosimo

Das besondere Gigantengrab

Gigantengräber gehören zu den Wahrzeichen Sardiniens. Sie liegen über die ganze Insel verteilt und sind zugleich die größten pränuraghischen Kultstätten. Sie sind einzigartige Bauwerke, die europaweit zu den jüngsten Megalithanlagen zählen. Sie zeichnen sich durch eine faszinierende Bauweise aus. Bei den frei stehenden Gigantengräbern fanden Archäologen nach jahrelanger Forschung heraus, dass sie in zwei Varianten auftreten: entweder mit Portalstelen oder mit durch Blocksteine verschlossenen Kammern. Eines dieser bemerkenswerten Gräber liegt nahe der Landstraße SP 4, die auf einer aussichtsreichen Strecke Gonnosfanadiga und Arbus verbindet. Das Gigantengrab ist harmonisch in das Tal des Monte Terra Maistus eingebettet, in eine Landschaft, die vom Monte Linas dominiert wird. San Cosimo, auch bekannt als »Sa Grutta de Santu Giuanni«, stellt die klassische Bauweise dieser Art von Struktur dar, allerdings mit beachtlichen Ausmaßen.

Der Grabkörper ist mit einer Länge von 22,10 Metern der drittlängste auf Sardinien. Die Außenflügel sind hingegen 24,10 Meter lang. Die ersten Ausgrabungen fanden im Jahr 1981 statt und wurden von Giovanni Ugas durchgeführt. Es wurden unter anderem Materialien aus der Bronzezeit entdeckt, insbesondere aus dem 14. und 15. Jahrhundert vor Christus. Einen besonderen Fund stellten die Vasen dar, die sowohl im Innen- als auch im Außenbereich mit Verzierungen versehen sind. Ihrer Bedeutung sind die Forscher noch auf der Spur. Darüber hinaus wurden Ketten aus Glas gefunden, die aus Ägypten stammen sollen. Dies macht das Gigantengrab unabhängig von seiner majestätischen Schönheit und Lage zu etwas Besonderem.

Für Liebhaber der Archäologie bietet sich an, den Ausflug mit einer Besichtigung des nahe gelegenen Gigantengrabes Sa Grutta 'e s'Orku und der Nuraghen San Cosimo und San Cosimo II zu verbinden, um den Ausflug komplett zu machen.

Adresse 09035 Gonnosfanadiga | Anfahrt SS 131 Carlo Felice, Ausfahrt SP 4, San Gavino Monreale, weiter auf SP 4.9 und anschließend auf SS 197 di San Gavino e del Flumini, nach 3,2 Kilometern links auf SP 4.8, nach sieben Kilometern leicht rechts auf SS 196 di Villacidro, nach 2,3 Kilometern links auf SP 4.16, nach 2,8 Kilometern wieder links | Öffnungszeiten jederzeit zugänglich | Tipp Der Aussichtspunkt auf dem Colle San Simeone in der Via Santa Severa 21 bietet ein herrliches Panorama und ist das Wahrzeichen von Gonnosfanadiga.

41 Der Staudamm

Ein einzigartiger Aussichtspunkt

Der künstliche See von Gusana in der Provinz Nuoro hat eine Fläche von 200 Hektar und ein Volumen von 58 Kubikmetern. Er verfügt über mehrere kleine Strandabschnitte, zahlreiche Aussichtsplätze sowie tolle Hotels und Restaurants. Er liegt am Fuß des Granitplateaus von Fonni und fügt sich perfekt in die Landschaft ein, die von Buchengewächsen wie der Flaumeiche geprägt ist, was dem See ein charakteristisches Aussehen verleiht. Der mit Abstand beste Aussichtspunkt ist jedoch der Staudamm. Auf der Fahrt vom Hotel Taloro in Richtung Ovodda führt die Straße über eine Brücke auf die SS 128. Nach wenigen Kilometern befindet sich am Straßenrand eine sogenannte »Casa Cantoniera«, ein Straßenwärterhäuschen. Von hier aus gelangt man direkt hinunter zum Damm und zum wunderschönen Aussichtspunkt.

Der Damm wurde zwischen 1959 und 1961 von dem Ingenieur Aldo Maffei gebaut und liegt zwischen den Bergen Littoleri, Nodu und Sos Arcos. Er erreicht eine Höhe von 81,50 Metern, sein Becken hingegen ist im Gebiet von Gavoi zu finden. Das absolute Highlight erlebt man, wenn der Damm seine Schleusen öffnet und sich die riesigen Wassermassen in das tiefe Tal stürzen. Es ist nur zu erahnen, welches immense Volumen an Wasser das Bauwerk aushalten muss. In der Luft wird das Spektakel von Steinadlern und Falken beobachtet, die auf Beuteflug sind.

Der See ist ein herrliches Badeziel mitten im Gebirge, zu Füßen des Gennargentu, umringt von Pinienhainen, Steineichen und schroffen Felsen. Er wurde angelegt, um Energie durch Wasserkraft zu gewinnen. Durch seine perfekte Lage und die schönen Strandabschnitte wird er für Touristen von Jahr zu Jahr interessanter. Im vielseitigen Angebot sind Canyoning, Gleitschirmfliegen, Höhlenerkundungen und Kanutouren. Zahlreiche Reit- und Wanderwege laden zum Spazieren ein. Wer Ruhe und Einsamkeit sucht, ist hier richtig!

Adresse Diga di Gusana, 08020 Gusana | Anfahrt SS 131, Ausfahrt Ottana, SP 17, nach 11,9 Kilometern scharf rechts auf SS 128 Centrale Sarda, nach 6,9 Kilometern im Kreisverkehr 1. Ausfahrt nehmen, auf SS 128 Centrale Sarda bleiben, nach 13,7 Kilometern rechts und 850 Meter bis zum Damm | Tipp Das Hotel Ristorante Gusana liegt wunderschön direkt am Gusana-See (www.hotelgusana.it).

42 Das Bergwerk Montevecchio

Die verlassene Welt

Im Gebiet von Arbus befindet sich das Bergwerk Montevecchio mit Stollen, Schürfen, Schächten und Halden. Der Abbau an diesem Standort erfolgte ab 1848 über anderthalb Jahrhunderte lang, bis die Mine nach jahrzehntelanger Krise 1991 endgültig geschlossen wurde. Fährt man von Guspini auf der SP 65, wird man nach wenigen Kilometern von einem großen Schriftzug auf der rechten Seite begrüßt: »Miniera di Montevecchio«. Es lohnt sich, hier anzuhalten, denn direkt hinter dem Tor steht ein verlassener, verrosteter olivgrüner Krantruck mit platten Reifen, der die Geschichte dieses Ortes anschaulich macht. Direkt hinter dem Truck erhebt sich ein imposantes Bauwerk, das erahnen lässt, wie viele Menschen hier einmal gearbeitet haben. Nur einige Meter entfernt sind die Informationstafeln für Besucher der Mine angebracht.

Die Reise geht vorbei an Arbeiterunterkünften, an alten Wagen, die auf rostigen Gleisen ruhen, an Steinbrüchen und dem Verarbeitungswerk bis zum luxuriösen Palazzo della Direzione, dem Direktionsgebäude, das heute ein Museum ist. Für die Arbeiter des Bergwerkes wurde eine Kleinstadt erschaffen. Über 1.100 Menschen lebten hier. Doch nicht alle haben die Stadt nach der Schließung des Bergwerkes verlassen. Knapp 140 Menschen sind geblieben und leben heute an einem Ort, an dem die Spuren der Vergangenheit lebendiger sind als die der Gegenwart.

Das Bergwerk hat einige gute Zeiten erlebt. So war es etwa im Jahr 1865 die bedeutendste Mine des Königreichs Italien. Es gibt vier Rundwege, die durch die Anlage führen. Zum Beispiel den Rundweg »Sant'Antonio«, der am Turm des Abbauschachts beginnt. Der Abbauschacht zeigt deutlich, welch harte Arbeit die Bergleute leisten mussten.

Adresse Piazzale Rolandi, 09030 Guspini | Anfahrt SS 131, Ausfahrt Pabillonis, weiter auf SP 98, SP 4.20 / SP 64 und SS 126, nach 11,5 Kilometern 1. Ausfahrt im Kreisverkehr auf SP 4.18 nehmen, nach 5,6 Kilometern links auf SP 4.18 / SP 66, nach 2,5 Kilometern geradeaus auf SP 65 / SP 4.19, dann leicht links nach Montevecchio und gleich wieder links auf Piazzale Rolandi | Tipp Das Bier der Brauerei »4 Mori« an der SP 66 wird nach dem Bayerischen Reinheitsgebot von 1516 produziert. Nach vorheriger Anmeldung ist eine geführte Verkostung von Bieren in Kombination mit lokalen Spezialitäten möglich (www.birrificio4mori.it).

43 Il Gatto in Tazza

Der schnurrige Cappuccino

Im Herzen von Iglesias, in der Via Roma 15, verbirgt sich hinter einem schönen Schaufenster ein Café, in dem nicht der Kunde König ist, sondern jemand anderes. Und das Beste daran ist, dass es niemanden stört. Denn in dieser kuscheligen Location haben Katzen das Sagen. 2019 eröffnete das Katzen-Café seine Pforten. Auch bei den Einwohnern von Iglesias fand die Idee schnell Zuspruch, und so begann der Erfolg der Hauskatzen. Das Café wurde zu einer Attraktion, sowohl bei Kindern als auch bei Erwachsenen. Katzenliebhaber können in entspannter Atmosphäre leckere Speisen und Getränke genießen und dabei die Tiere beobachten.

Die nächste Besonderheit dieses Lokals ist mit Sicherheit der Kaffee, denn er stammt nicht von einer großen Marke. Er kommt roh und grün an und wird direkt im Café von Hand geröstet, um Frische und Qualität zu garantieren. Darüber hinaus sind feinste heiße Schokolade und verschiedene Tees im Angebot, und man wird mit leckeren Keksen und Croissants verwöhnt, die wahlweise direkt an der Theke mit beliebigen Zutaten gefüllt werden. Das Ganze natürlich unter strenger Beobachtung der Katzen.

Das »Cat Cafè« organisiert auch viele kleine Events, so zum Beispiel gemeinsam mit dem Verein NOA Iglesias »A Fairytale Snack« (ein märchenhafter Snack). Eltern kommen mit ihren Kindern, und es werden Märchen vorgelesen. Auf der Facebookseite werden die Gäste regelmäßig über die Termine informiert und können sich direkt anmelden. Auch Feiern können im Café organisiert werden. Bei den kleinen Gästen ist eine Geburtstagsfeier mit den schnurrigen Bewohnern das absolute Highlight. Und wenn es doch eine größere Feier werden soll, dann organisiert das Cat Cafè auch ein Catering und liefert wunderbare Köstlichkeiten passend für jeden Anlass.

Die Stadt Iglesias hat viel zu bieten, ein längerer Aufenthalt dort lohnt sich, um den Besuch ausgiebig genießen zu können.

Adresse Via Roma 15, 09016 Iglesias | Anfahrt SS 131, Ausfahrt SS 197/ SS 293, SS 293 Richtung Samassi, weiter Richtung SP 89, dann SP 88, Auffahrt Iglesias, SS 130 Iglesiante, Ausfahrt Iglesias Centro, Viale Villa di Chiesa und Via Cappuccini bis SS 126 Piazza Sella, 260 Meter geradeaus bis zum Ziel | Öffnungszeiten Mo–Sa 8–13 und 18–20 Uhr | Tipp Die Pisanischen Mauern (Mura Pisane) umgeben das historische Zentrum der Stadt. Ein Ausgangspunkt für eine Besichtigung befindet sich an der Via Marco Tangheroni.

44 Die Eselsbrücke

Das Erbe aus der Römerzeit

Im Herzen des Gebietes Goceano, nicht weit entfernt von Illorai, befindet sich diese alte Brücke aus der Römerzeit. Sie erlebte in den vergangenen Jahrhunderten verschiedene Rekonstruktionen. Seit einem Umbau im 7. Jahrhundert ähnelt ihre Form der eines Eselrückens, und genau so wurde sie von den Einheimischen auch genannt: »Schiena d'Asino«. Sie ist 35 Meter lang, befahrbar und besteht aus drei Rundbögen im römischen Stil. Die letzte Rekonstruktion geht auf das 14. Jahrhundert zurück und hält bis heute allen Umwelteinflüssen stand. Wo die Menschen früher zu Pferd unterwegs waren, passieren heute moderne Jeeps mit über 2,5 Tonnen problemlos die Brücke.

Der kleine Fluss Tirso und die Serpentinenstraßen machen die Atmosphäre perfekt. Der Fluss ist zu keiner Jahreszeit trocken und bietet in der Sommerzeit eine willkommene Abkühlung für die erhitzten Füße. Ringsum zeigt sich ein typisch sardisches Landschaftsbild: Kaktusfeigen, Olivenbäume, Wildbirnenbäume und die Macchia Sarda. Auch für Sportangler ist das Verweilen am Fluss eine nette Abwechslung zu anderen Gewässern. Für 20 Euro muss ein Regionalangelschein erworben werden, ansonsten ist mit hohen Geldstrafen zu rechnen. Forellen, Flussbarsche und Aale sind die Hauptbewohner des Flusses.

Der Pont'Etzu ist mittlerweile eines der besterhaltenen Bauwerke seiner Zeit, und das obwohl die Brücke zahlreichen Überschwemmungen standhalten musste. Da haben die Pisaner ganze Arbeit geleistet. Es wird vermutet, dass die Brücke im Mittelalter der einzige Übergang über den Tirso war. Nicht weit weg liegen die Felsengräber Domus de Janas aus der Zeit zwischen 3000 und 2500 vor Christus und die beliebte Wallfahrtskirche Madonna della Neve di Luche aus dem 12. Jahrhundert. In der Ortschaft Sos Banzos dienen mineralische Quellen zur Behandlung von Rheumabeschwerden, Ischias und Pellagra.

Adresse SS 128bis Centrale Sarda, 07010 Illorai | Anfahrt SS 131, Ausfahrt Ottana, im Kreisverkehr 1. Ausfahrt nehmen, nach 5,9 Kilometern Auffahrt Richtung Bono/Tirso, 190 Meter auf SP 33 und 7,7 Kilometer auf SP 10m, dann weiter über SS 128bis Centrale Sarda, nach 1,2 Kilometern Brücke auf der rechten Seite | Tipp Die Pizzeria Miratirso in der Via Case Sparse 6 in Illorai ist bekannt für gutes Essen, hervorragenden Service und günstige Preise (Tel. +39/327/0894473).

45 Das Bergwerk

Von glorreichen Zeiten zum verlassenen Dorf

Von dem einstigen Bergwerk ist heute leider nicht mehr viel zu sehen. Ingurtosu ist ein kleines Dorf mit einer bewegten Vergangenheit, das zur Gemeinde Arbus gehört. Die Bezeichnung »kleines Dorf« trifft im wahrsten Sinne des Wortes zu, denn hier leben aktuell nur noch neun Menschen. Traurig, wenn man bedenkt, dass hier bis Ende der 60er Jahre knapp 5.000 Einwohner gezählt wurden. Die Minenarbeiter lebten mit ihren Familien hier, denn die Mine Ingurtosu gehörte zu den wichtigsten Minen auf Sardinien.

Durch Staub und trockene Luft schufteten sich die Arbeiter Schlag für Schlag und Zentimeter für Zentimeter voran, um auf diese Weise schließlich Blei, Zink und Silber zu bergen und sich ihren hart erarbeiteten Lohn zu sichern. Erste Erträge brachte die Mine im Jahr 1855, ihr maximales Potenzial erreichte sie Anfang des 20. Jahrhunderts. Leider sollte dieser Erfolg nicht ewig andauern, die erste große Krise im Jahr 1943 kostete zahlreiche Minenarbeiter ihren Arbeitsplatz. Nach dem Zweiten Weltkrieg nahm die Mine ihre Arbeit wieder auf, doch die schlechten Zahlen ließen sich nicht verleugnen – Exportverluste und weitere Entlassungen waren die Folge.

Im Jahr 1968 vollzogen die wenigen Arbeiter, die noch in der Mine tätig waren, ihre letzten Schläge, atmeten zum letzten Mal Staub ein, die Motoren der Bagger wurden abgeschaltet, die Fließbänder gestoppt, es trat eine traurige Stille ein. Die Arbeiter verspürten Angst, Frust, Wut und Traurigkeit, doch die Schließung sollte tatsächlich endgültig sein. Die Luft gewann wochenweise an Qualität, doch die Stille bereitete den Einwohnern Unbehagen. Und so gingen Monat für Monat immer mehr Menschen aus Ingurtosu fort, in der Hoffnung auf einen neuen Arbeitsplatz, und begannen anderswo ein neues Leben. Der Ort liegt unweit von Arbus und den »Piscinas«, den zweitgrößten Sanddünen Europas.

Adresse 09031 Ingurtosu | Anfahrt SS 131, Ausfahrt Pabillonis, weiter auf SP 98, SP 4.20/SP 64, und SS 126, anschließend auf SP 4.16 wechseln, nach 450 Metern links auf Via Libertà/SS 126, nach 4,3 Kilometern links und nach 200 Metern rechts auf Via Centro, nach 300 Metern auf der rechten Seite | Tipp Der Agriturismo Gragonti in Arbus bietet echtes Leben auf dem Bauernhof und lässt seine Gäste in die Geschichte der Umgebung eintauchen (www.agriturismogragonti.it).

46 Die Thunfischfabrik

Von der Produktionsstätte zum Militärabwehrposten

Entlang der viel befahrenen SS 125, der Küstenstraße, die von Cagliari nach Villasimius führt, befindet sich ungefähr 500 Meter nach dem Strand von Capitana auf der rechten Seite Is Motorius. Hauptsächlich ist der Ort als ehemaliger Militärstützpunkt »Carlo Faldi« bekannt. Aber er erzählt noch eine andere Geschichte: die der ehemaligen Thunfischfabrik. Seine Position ist erhaben, direkt auf einem Fels, umgeben von kristallklarem Wasser und orange- und lachsfarbenen Felsformationen.

Laut Archiv war die Thunfischfabrik bis zum Jahr 1874 in Betrieb. Hier wurden die Fische konserviert, und Tonnen von Thunfisch wurden verarbeitet, außerdem diente die Fabrik als Unterkunft für die Fischer. In ihrer Blütezeit gab sie 160 Familien ein Auskommen. Die Bauweise war einfach, die Wände bestanden zum Großteil aus Mischmaterialien und Roherde. Die Dächer waren aus Holz, bedeckt mit gebogenen Ziegeln, von denen heute nicht mehr viele übrig sind. Die komplette Anlage ist von einer wunderschönen mediterranen Vegetation mit Pinien und Kaktusfeigen umgeben. Es gibt viele kleine Wege, die eine Art Labyrinth bilden. Während das Farbspiel von Meer, Felsen und Pflanzen einzigartig ist, erhebt sich an der Ostseite der Klippen der stark zerstörte Damm. Dieser wurde durch wiederholte Sturmfluten erheblich beschädigt. Auch die Thunfischfabrik blieb von Unwettern nicht verschont, die Gebäudestruktur litt massiv. Doch im Jahr 1936 wurde sie wieder zum Leben erweckt, als das sieben Hektar große Gebiet »Is Motorius« vom Staat gekauft und der Schiffsabwehrposten »Carlo Faldi« gebaut wurde. Die ehemalige Thunfischfabrik wurde komplett renoviert und darin eine Unterkunft für die Soldaten eingerichtet.

Wo sich heutzutage Familien und Freunde treffen, um atemberaubende Sonnenuntergänge zu genießen, verschwindet eine jahrhundertelange Geschichte leise mit dem Wind.

Adresse Via dei Pioppi 3, 09045 Quartu Sant'Elena | Anfahrt SS 131, Ausfahrt SS 554 Pula / Quartu Sant'Elena, links halten und der Beschilderung Cagliari Stadio / Quartu S.E./ Villasimius folgen, weiter auf Via della Rinascita / SS 554, nach 280 Metern auf SS 554, Viale Europa, dann auf SP 17 und dieser 25 Kilometer zum Ziel folgen | Tipp Sailover Capitana in der Via Secchio 139 in Marina di Capitana bietet wunderschöne Segelausflüge zu traumhaften Buchten (www.sailover.net).

47 Der Parco Aymerich

Ein von Wasser geprägter Park

Auf der Fahrt entlang der Hauptstraße würde man nie erwarten, dass sich an den Hängen der Stadt ein so beeindruckender Park versteckt. Der Parco Aymerich erstreckt sich über 22 Hektar und hat einiges zu bieten. Für Kinder sind mit Sicherheit die vielen Wasserkanäle, die quer durch den Park fließen, eines der Highlights. Aber auch wunderschöne Holzskulpturen schmücken das Gelände. In einem der Eukalyptusbäume wartet zum Beispiel eine Holzfigur in Form eines Koalabären mit seinen Jungen.

Hinter einem großen Teich mit Fischen erreicht man über zauberhafte und gepflegte Wanderwege die Wasserfälle »Cascata Maggiore« und »Cascata Minore«. Beide verleihen das Gefühl, in einem Regenwald zu sein. Alle Wege sind sehr gut ausgeschildert, und es gibt zahlreiche Bänke entlang des Rundgangs. Eine der nächsten Etappen auf dem Weg zur Schlossruine Aymerich ist eine Tropfsteinhöhle, in der Fledermäuse gern Unterschlupf suchen.

Das Schloss Aymerich hat seinen Ursprung im 11. Jahrhundert. Bis zur Mitte des 19. Jahrhunderts war es bewohnt, zuletzt von der Familie des Markgrafen Ignazio Aymerich Ripoll. Ihm ist auch der wunderschöne Park zu verdanken, den er für seine Frau errichten ließ, die eine Naturliebhaberin war. Das Schloss diente nicht zuletzt als Schutz, um die Grenzen des Reiches von Arborea gegen das Reich von Cagliari zu verteidigen. Der rechteckige Hauptturm, der aus dem 11. und 12. Jahrhundert stammt, beherbergte früher auch ein Gefängnis. Das Schloss birgt zahlreiche Geschichten, doch die wichtigste ist wohl die der Judikate aus Arborea. Denn genau hier wurden 400 Jahre lang Gesetze verabschiedet, die zum großen Teil sogar heute noch in Kraft sind.

Trotz der Vielfalt an Sehenswürdigkeiten und der märchenhaften Aura dieses Ortes ist der Besuch des Parks kostenfrei. Zur Zeit der Trüffelernte wird sogar eine Verkostung angeboten.

Adresse Via Su Acili, 08034 Laconi | Anfahrt SS 131, Ausfahrt Solarussa, Richtung Tramatza, auf SP 15 und SS 388 del Tirso e del Mandrolisai, nach einem Kilometer im Kreisverkehr geradeaus auf SP 35, weiter auf SS 442 di Laconi e di Uras, nach 21,1 Kilometern links auf SS 128 Centrale Sarda und über Via del Parco in die Via Don Minzoni | Tipp Im Geburtshaus des heiligen Ignatius von Laconi (Casa natale di Sant'Ignazio) in der Via Sant'Ignazio werden die Reliquien des Heiligen ausgestellt, außerdem ist es ein Ort des Gebets.

48 Das Dorf der Masken

Geprägt von uralten Bräuchen und Ritualen

Gastfreundlichkeit, Rituale und Tradition machen diesen Ort aus. Mamoiada liegt 18 Kilometer von Nuoro entfernt im Herzen der Barbagia, an der Grenze zwischen Gennargentu und Supramonte. Es handelt sich um einen sehr gastfreundlichen Ort mit etwa 2.500 Einwohnern, der seine Besucher mit kulinarischen Köstlichkeiten, Cannonau, Sardiniens bekanntester Rebsorte, und uralten Bräuchen fasziniert. Bekannt wurde er hauptsächlich durch die Masken der »Mamuthones« und der »Issohadores«. Die Mamuthones tragen eine aus Edelholz geschnitzte dunkle Maske und ein Kostüm aus Schaffell, an dem etwa 30 Kilogramm schwere Kuhglocken, die sogenannten Sa Carriga, hängen. Die Issohadores hingegen sind mit einer lebhafteren Maske aus weißem Holz, einem schwarzen Stoffhut, einer roten Stoffjacke, einem weißen Hemd und einer weißen Hose sowie weiterem schmückenden Beiwerk bekleidet.

Der Karneval in Mamoiada zählt zu den ältesten Volksfesten der Insel. So verwundert es nicht, dass im Ort einige Handwerkskünstler zu finden sind, die diese traditionellen Masken herstellen, die sowohl bei Einheimischen als auch bei Besuchern sehr beliebt sind und die Wände vieler Häuser schmücken, denn insbesondere für die Bewohner sind sie ein Zeichen von Ehre und Stolz. Der Ursprung der Masken ist ungewiss, zu ihm gibt es verschiedene Theorien, die mit der Zeit immer mehr verblasst sind. Sie alle zu beschreiben bräuchte ein eigenes Buch.

Das Gebiet um Mamoiada ist geprägt von intensiv duftenden Weinbergen und Weidelandschaft. So trifft der Besucher immer wieder auf alte Stein- und Holzbauten, Sos Pinnettos. Hier erzeugen die Hirten sardischen Käse: Fiore Sardo, Ricotta, Sa Frughe und Casu Martzu. Die Küche basiert auf traditionellen Gerichten aus Vieh- und Landwirtschaft. Mamoiada wirkt auf den ersten Blick eher unscheinbar, sein traditioneller Reichtum ist erst bei intensiverer Betrachtung zu erkennen.

Adresse 08024 Mamoiada | **Anfahrt** SS 131 Diramazione Centrale Nuorese, Ausfahrt Tortolì / Nuoro, Richtung Mamoiada und weiter auf SS 389var di Buddusò e del Correboi, Ausfahrt Mamoiada, der Straße bis Mamoiada folgen | **Tipp** Das Museo delle Maschere Mediterranee bietet eine Reise zu den Legenden und zu Vergangenheit und Gegenwart der Masken von Mamoiada (Piazza Europa 15, www.museodellemaschere.it).

49 Die Lagune von Marceddì

Der perfekte Aussichtspunkt

Am südlichsten und am besten geschützten Punkt des Golfs von Oristano liegt das kleine Fischerdorf Marceddì mit Blick auf eine große Lagune vor dem Vorgebirge von Capo Frasca. Die charakteristischen Behausungen des Dorfes strahlen einen gewissen Charme aus und erstrecken sich zwischen mediterraner Vegetation und unbefestigten Straßen bis zur Lagune, wo sich auch der alte Turm von Marceddì befindet. Rechts vom Turm geht es zu einem schönen Holzsteg, an dessen Ende ein ebenfalls aus Holz gestaltetes Aussichtshäuschen steht. Die Farben, die den Aussichtspunkt umgeben, sind nahezu einzigartig. Durch das vom Wetter bearbeitete Holz des Stegs wird der Besucher in eine andere Zeit versetzt und hat das Gefühl, dass in der Ferne schon die Fischer zu sehen sind, die mit ihrem Fang zurück zum Ufer navigieren.

Für Liebhaber der Naturfotografie ist das der perfekte Ort für phantastische Bilder. Denn neben der atemberaubenden Kulisse findet man hier auch seltene Wasservogelarten wie das Blesshuhn, die Stockente, das Purpurhuhn, den Purpurreiher und den Haubentaucher. Die Lagune ist ein wunderbarer Naturschauplatz, an dem Himmel, Meer, Lagune und Land ineinander verschmelzen, begleitet von den Schreien der Mittelmeermöwe und unter strenger Beobachtung durch die Kormorane. Ein Ort der Entspannung, Balsam für die Seele. Die Sonne spiegelt sich im Wasser, der betörende Duft der Insel lädt zum Verweilen und Genießen ein.

Der nahe gelegene Turm von Marceddì stammt aus dem Jahr 1580 und war Teil des Verteidigungssystems des Golfs von Oristano. Er wurde von Don Marcantonio Camos, dem Gouverneur von Iglesias, entworfen und auf Wunsch des spanischen Königs Philipps II. gebaut, um sarazenische Überfälle abzuwehren. Eine große Kanone direkt oben auf dem Turm leistete damals ihre Dienste. Das Gebäude ist aus Basaltstein und beinahe 9,40 Meter hoch.

Adresse Strada 6 Ovest, 09098 Marceddì | Anfahrt SS 131, Ausfahrt Marrubiu/Terralba, der SS 126 folgen und weiter auf SP 61 bis Via Reggio Emilia, auf die SP 69 bis Strada 6 Ovest in Terralba | Tipp Der Giardino delle Orchidee in der Via della Pineta in Marceddì ist ein wunderschöner Orchideengarten. Ein Besuch lohnt sich!

50 Die Brücke von Mari Ermi

Die romantische Strandoase

Die untergehende Sonne beobachten, dabei gemütlich im feinen Sand sitzen und die Wärme genießen, wer mag das nicht? Der Weg zu dem feinen Quarzstrand führt über einen Naturholzsteg, der die Überquerung der Lagune, die direkt hinter den Sanddünen liegt, ermöglicht. Er gleicht in vielen Aspekten dem bekannteren Strand von Is Arutas, jedoch hat Mari Ermi noch mehr Farbtöne zu bieten: vom glasklaren azurblauen Meer bis zum Sand, der seine Farbe von Blütenweiß zu Goldocker wechselt. Dieser Ort ist Balsam für die Seele und schenkt seinen Besuchern Emotionen, die sie so schnell nicht vergessen und immer im Herzen tragen werden.

Der Holzsteg von Mari Ermi hat über die Jahre so manches erlebt. Im Jahr 2003 gebaut, hielt er dem Wetter lange stand – bis 2012. Im Dezember dieses Jahres wurde das Gebiet von tagelangen und extrem starken Stürmen heimgesucht. Als der Mistral seine volle Stärke erreichte, hatte der Holzsteg keine Chance. Er löste sich aus der Verankerung im Boden und versank in der Lagune. Im Jahr 2013 wurde er rekonstruiert und erlangte seinen Charme schnell zurück. Zusätzlich wurde das Gebiet zur geschützten Zone (area protetta) erklärt, denn in dieser Oase aus Lagune, Quarzstrand und Wolfsmilchgewächsen (Euphorbiaceae) hat sich ein ganz besonderer Vogel niedergelassen. Der Fratino, der Seeregenpfeifer, ist ein Wat- und Brutvogel, der zwischen März und Juli nistet und seine Eier am Strand ablegt. Hinzu kommen Flamingos, die mit ihrem rosafarbenen Federkleid für eine besonders romantische Stimmung sorgen.

Der Meeresgrund ist nicht sehr tief und sanft abfallend, sodass der Strand besonders gut für Kinder geeignet ist. Es gibt mehrere Agriturismi, Campingplätze sowie Restaurants und Kioske. Mari Ermi ist vor allem bei Windsurfern sehr beliebt, und auch an Hunde wurde gedacht: Seit einigen Jahren gibt es für sie einen Dog Beach.

Adresse Stagno di Mari Ermi, Località Mari Ermi, SP 66, 09072 Cabras | Anfahrt SS 131 Carlo Felice, Ausfahrt Bauladu / Milis, weiter auf SP 15 und SP 14, nach 5,4 Kilometern im Kreisverkehr 1. Ausfahrt nehmen, nach 54 Metern links auf Via Cairoli / SP 13 und weiter auf Via Umberto / SP 11, nach 6,1 Kilometern auf SP 66 und dieser bis Mari Ermi folgen | Tipp Der Agriturismo La Luce del Sinis an der SS 66 (Località Monte Palla) bietet ein gepflegtes Ambiente mit Außenpool und traditionell sardischen Gerichten (Tel. +39/347/8339294).

51 Das Honigparadies

ApinatH Miele di Sardegna

Fast jeder mag Honig – doch wie viel Arbeit dahintersteckt, wissen wohl die wenigsten. Alberto Scarabelli weiß das ganz genau, denn als Honighersteller sieht er täglich die Arbeit, die die scheuen gelb-schwarzen Bienen verrichten. Eine einzelne Biene lebt kaum 40 Tage, besucht in dieser Zeit über 1.000 Blumen und produziert weniger als einen Teelöffel Honig am Tag. Für uns ist es nur ein Löffel Honig, für die Mitarbeiter von ApinatH ist es das Lebenswerk der Bienen. Aus diesem Grund steckt Alberto seine ganze Leidenschaft und sein ganzes Wissen in die Produktion von Honig. Mit großer Sorgfalt und Liebe produziert er Honig und Konfitüren aus den charakteristischen Wildpflanzen Sardiniens. Dazu gehören unter anderem die Blüten des Erdbeerbaums, die einen bitteren Honig ergeben, sowie Eukalyptus, Zitrone, Lavendel und viele mehr.

ApinatH ist eine biologische Imkerei. Bei Bienenkrankheiten wird auf chemische Produkte verzichtet und die Behandlung mit ätherischen Ölen durchgeführt. Alberto verwaltet 350 Bienenstöcke, die sich alle in unberührter Natur befinden, umgeben von der mediterranen Macchia, die dem Honig die beste Qualität der Insel verleiht. Man hört Alberto oft sagen: »Wenn Sie ein Produkt bei uns kaufen, nehmen Sie, wo auch immer Sie hinfahren, stets ein Stück vom Paradies mit nach Hause.« Im Laden von ApinatH fühlt sich der Kunde tatsächlich wie im Honigparadies, denn die Vielfalt an Variationen ist gigantisch: Ingwer, Haselnuss, Orange, Distel, Kastanie und Wildlavendel sind nur einige der vielen Sorten. Neben der großen Auswahl an Honig und Konfitüren kann man auch weitere Erzeugnisse aus der Bienenzucht wie Seifen und Kosmetikprodukte erwerben.

Ob sich der fleißige Alberto irgendwann selbst in eine große Biene verwandelt? Abwarten. Doch eins ist sicher: Für eine süße Kostprobe wird er auf jeden Honigliebhaber warten.

Adresse Località Masongiu, 09034 Marrubiu, Tel. +39/328/3136220 | Anfahrt SS 131, Ausfahrt Sant'Anna, nach Marrubiu, links auf SP 52 Sassu / Centro, Sassu / Arborea, nach 230 Metern geradeaus auf Complanare Est, nach 450 Metern links, nach drei Kilometern links auf SP 68, nach 600 Metern rechts, nach 550 Metern erneut rechts | Öffnungszeiten Mo – So 10 – 18 Uhr | Tipp Der Orto Botanico in der Strada Consortile ist ein sehr schön angelegter Park und für einen Spaziergang sehr zu empfehlen.

52 Der Parco di Zuradili

Der perfekte Startpunkt

Ausflüge mit Picknick spielen im Leben der Sarden eine große Rolle. An freien Tagen kommen Verwandte und Freunde zusammen, und das Abenteuer kann beginnen. Bei dieser Tradition wundert es nicht, dass die Insel über 413 Picknickplätze verfügt. 309 davon wurden von der Region Sardinien errichtet und 104 von verschiedenen Gemeinden, die diese Projekte durch großzügige Spenden ermöglichen konnten. Oft dienen besagte Plätze als Treffpunkte für den Ausflug. Der Parco di Zuradili ist einer davon, denn unabhängig von den Picknickmöglichkeiten verfügt der Park über einen Kinderspielplatz und bietet Informationstafeln für verschiedene Wandertouren, die von hier aus gestartet werden können. Direkt vor dem Park befindet sich eine Naturquelle, deren Wasser auch im Sommer kühl ist. Ideal, um die Wasservorräte aufzufüllen.

Der Nationalpark am Gipfel des Monte Arci, der Wasserfall »Sa Spendula di Ales«, der Wasserfall »Cascata del Rio Salonis« oder das Schloss »Castello di Baromele« sind nur einige Ziele, für die der Parco di Zuradili der perfekte Ausgangspunkt ist. Auf den jeweiligen Wanderwegen sind natürlich ausreichend Pausenplätze inmitten dichter Natur und hoher Bäume vorhanden, die im Sommer den notwendigen Schatten spenden. Für Familien mit Kindern gibt es einige nahe gelegene Ziele wie den Wald »Foresta di Acquafredda«, der durch Steineichen geprägt ist, durchsetzt mit mediterraner Macchia, Phyllirea (Steinlinden), Zistrosen, Mastix und Erdbeerbäumen. Außerdem sind hier die typischen Tierarten Sardiniens anzutreffen: Wildschweine, Füchse, Marder, Wiesel, Habichte, Eichelhäher, Bussarde, Hasen und Wildkaninchen.

Im Wald wurden zwei schöne Picknickplätze angelegt, die »Area Picnic Mitza sa Figu« und die »Area Picnic S'Acqua Frida«, wo man mit etwas Glück die Waldbewohner beobachten kann. Bevor alle den Heimweg antreten, wird noch ein letzter Plausch am Startpunkt gehalten.

Adresse 09094 Marrubiu | Anfahrt SS 131 Carlo Felice, Ausfahrt Marrubiu/Terralba, über SS 126, nach 290 Metern auf SP 68 Santa Maria Zuradili / Sassari, nach 1,9 Kilometern rechts in die Località Zuarbara, nach einem Kilometer links halten, nach 210 Metern wieder links | Tipp An den Hängen des Monte Arci befindet sich die Kirche Madonna di Zuradili. Bis 1680 war sie die Pfarrkirche eines kleinen Dorfes, das aufgrund von Hunger und Pest verlassen wurde.

53 Der Pan di Zucchero

Der riesige Zuckerhut

Nur wenige Meter von der Küste entfernt schießt die imposante Kalksteinformation »Pan di Zucchero« 133 Meter aus dem Meer in die Höhe. Ihren Namen, der übersetzt »Zuckerhut« bedeutet, bekam sie aufgrund ihrer Form. Die Felsformation ist das Wahrzeichen von Iglesias. Am besten kann man sie nach einer mittelschweren Wanderung auf den Monte Nau bewundern. Auch von Masua und Nebida ist der Pan di Zucchero gut zu sehen, das beste Panorama bietet jedoch der Monte Nau.

Die Sarden nennen die Felsformation auch »Concali su Terràinu«, was so viel heißt wie »halber Eselskopf«. Wenn die Sonne mittags kurz vor dem Zenit steht, wird der Anblick zu einem wahren Naturwunder. Orange-gelbe Töne mischen sich harmonisch mit der grünen Decke, die sich auf der Oberfläche des Pan di Zucchero gebildet hat. Am schönsten ist es jedoch, wenn die Meeresoberfläche den Besuchern glatt wie Öl zu Füßen liegt, dann spiegelt sich nicht nur die Felsformation darin, sondern auch all ihre Farben reflektieren auf der Wasseroberfläche.

Um noch einmal auf den Monte Nau zurückzukommen, sei erwähnt, dass die Einheimischen diese steile Wanderung bis zum Aussichtspunkt in Kauf nehmen, um den Anblick der Farbenspiele in ihrer vollen Pracht zu genießen. Zu berücksichtigen ist jedoch, dass es unterwegs kaum Schatten gibt und ein Hut oder eine Mütze unbedingt dabei sein müssen, außerdem ausreichend Wasser. Der Startpunkt der Wanderung befindet sich am Porto di Masua über den Steintreppen. An deren Ende ist ein gut auszumachendes Informationsbrett angebracht, auf dem der weitere Verlauf der Wanderung angegeben ist. Nach etwa einer Stunde ist das Ziel erreicht, und man betritt eine Szenerie, die mit nichts zu vergleichen ist: der Pan di Zucchero in seiner vollen Schönheit – einfach genießen und auf sich wirken lassen.

Adresse Frazione Masua, 09016 Iglesias | **Anfahrt** SS 131 bis SS 293 di Giba / SS 293, Richtung Samassi, kurz nach Vallermosa auf SP 89 und SS 130 Iglesiente, nach 6,3 Kilometern auf SS 126, Ausfahrt Nebida / Buggeru, weiter auf SP 83, Richtung Frazione Masua und anschließend auf Strada Masua | **Tipp** Nebida ist ein altes Bergarbeiterdorf, dessen Landschaft von Stollen, Minengebäuden und den Wohnhäusern der Minenarbeiter geprägt ist. Seit den 1970er Jahren ist die Mine nicht mehr aktiv.

54 Der Palazzo Boyl

Ein Adelspalast mitten im Dorf

Geschichte und Kultur vereinen sich im Palazzo Boyl, der aus dem 17. Jahrhundert stammt und das Erbe von Königen, Grafen und diversen Künstlern und Schriftstellern bewahrt.

Mitten im Dorfkern, an der Piazza Martiri, erscheint vor einem schön gepflegten Vorgarten mit großen Palmen und bunten Blumen eine majestätische rötlich ockerfarbene Fassade. Dieser prachtvolle Palast erzählt eine fast 1.000-jährige Geschichte. Laut dem »Condaghe« (Verwaltungsdokument) von Santa Maria di Bonarcado aus dem 11. Jahrhundert soll der Palast als Kloster gedient haben, von dem heute noch Spuren zu erkennen sind und von dessen Bewohnern nur knapp 100 Meter entfernt die ersten Zitrushaine angebaut wurden. Der Palast war ein edles Anwesen, das bis in die letzten Jahrzehnte des 17. Jahrhunderts im Besitz der Adelsfamilie Vacca war. Als eine Tochter des Hauses den Marchese Vittorio Pilo Boyl di Putifigari heiratete, der ein ehemaliger Militäringenieur und Schriftsteller war, erhielt der Palast schließlich dessen Namen, er heißt seitdem »Palazzo Boyl«.

Zusammen mit seinem Bruder Carlo erweiterte der Marchese den Palast von Jahr zu Jahr, und viele damals hinzugefügte Details machen heute die Einzigartigkeit des Gebäudes aus. Im Untergeschoss sind die wunderschönen Bodenmosaike und noblen Möbel zu bewundern, die an den Grafen Boyl erinnern. Auch auf dem Weg ins Obergeschoss kann man viele Highlights bestaunen, bis hin zum eindrucksvollen Trachten- und Schmuckmuseum und einer ethnografischen Sammlung zur sardischen Kultur. Viele wichtige Persönlichkeiten haben in dem Palast übernachtet, von den Königen Carlo Felice und Carlo Alberto bis hin zu Grazia Deledda, die als erste Frau den Nobelpreis für Literatur erhielt. Ein Besuch im Palazzo Boyl ist ein Muss für Kultur- und Geschichtsliebhaber. Zusätzlich ist Milis für seine besonders guten Zitrusfrüchte bekannt.

Adresse Piazza Martiri, 09070 Milis | Anfahrt SS 131, Ausfahrt Bauladu/Milis, der Beschilderung nach Milis folgen | Tipp Nicht weit entfernt liegt der Ort Seneghe, die »Stadt des Olivenöls«. Das Olivenöl aus Seneghe wurde im Jahr 1994 mit dem höchsten Qualitätssiegel, dem Ercole Olivario, ausgezeichnet.

55 Der Traditionsgarten

S'Ortu de is Paras – Bosco di Villaflor

Eine Familie, eine Tradition! Seit vier Generationen gibt es den Zitrusfrüchte-Bauernhof Sebastiano Pinna. Alles begann im 18. Jahrhundert, als Efisio Pinna seinen Bauernhof in ein großes Unternehmen verwandelte. Er verstand es, seine Produkte und seine Firma gut und fast schon modern zu vermarkten. Der Erfolg ließ nicht lange auf sich warten, und der Familienbetrieb etablierte sich zu einem der besten Qualitätsproduzenten auf seinem Gebiet. All dies ist sicherlich dem Urgroßvater zu verdanken, dessen Fleiß und Ehrgeiz Früchte getragen haben.

Der Weg auf die Fruchtplantage führt durch ein rot-weißes Tor aus Trachyt, anschließend stehen die Besucher direkt vor einer kleinen Steinhütte. Valentina begrüßt jeden Kunden sehr herzlich und mit duftenden frischen Früchten. In der kleinen Verkaufsstelle ist im Winter immer der Kamin an, was dem Ort eine besondere, fast familiäre Atmosphäre verleiht. Valentina ist dick eingepackt und steht bei Wind und Wetter in der kleinen Hütte, jedoch stets mit einem Lächeln im Gesicht. Auch mit ihren Kunden geht sie sehr fürsorglich um und lädt sie ein, sich vor den Kamin zu stellen, während sie die Waren einpackt.

Neben alten Schwarz-Weiß-Bildern, auf denen die Familie zu sehen ist, sind die Wände mit Utensilien der Bauern aus der Zeit des 18. Jahrhunderts geschmückt. Auch der Fußboden mit seinen ovalen Steinen weist Spuren der Vergangenheit auf. Das Angebot an Früchten besteht aus Orangen, Clementinen, Mandarinen, Granatäpfeln und Zitronen. Valentina und Sebastiano sind Feinschmecker und bieten zusätzlich zu ihrem Obst noch besondere Spezialitäten an, wie zum Beispiel Orangenhonig und Clementinenmarmelade. Bevor die Produkte in die Einkaufstasche wandern, gibt es von allem eine Kostprobe. Ein ganz besonderer Ort, der für Qualität, Freundlichkeit, Tradition und Liebe zu den kostbaren Früchten steht.

Adresse Via San Paolo 13, 09070 Milis | Anfahrt SS 131, Ausfahrt Bauladu / Milis, nach 300 Metern im Kreisverkehr 2. Ausfahrt auf SP 9 nehmen, nach 3,4 Kilometern rechts auf SP 15, nach 450 Metern rechts auf Via San Paolo, Ziel nach 400 Metern rechts | Tipp Die historische Residenz Casa Bagnolo Milis in der Via Diaz 18 ist ein Kulturverein. Hier wird traditionelles Handwerk lebendig gehalten, und es werden Kreativ-Workshops sowie Yoga- und Meditationssitzungen angeboten.

56 Der Monte Arci

Das erloschene Vulkanmassiv

Unter dem grünen Mantel des Monte Arci versteckt sich das größte Obsidianvorkommen Sardiniens. Es liegt inmitten der Uras-Ebene an der nordöstlichen Grenze des Campidano, bedeckt von basaltischem Lavagestein, das eine 1.000-jährige Geschichte offenbart. Seinen höchsten Punkt erreicht das Vulkanmassiv mit seinen drei Basaltspitzen bei 812 Metern über dem Meeresspiegel. Geologisch und historisch gesehen ist es wegen seiner reichhaltigen Obsidianvorkommen interessant. Das vulkanische Gesteinsglas wurde in der vorgeschichtlichen Zeit sehr geschätzt. Man verwendete es unter anderem zur Anfertigung von Waffen und messerartigen Gegenständen. Die Sarden sind sehr stolz darauf, ist das Mineral im Mittelmeerraum doch selten zu finden.

Damit ist allerdings nur ein Kapitel der Geschichte des Monte Arci erzählt, denn es handelt sich bei ihm auch um einen Nationalpark, der eine vielfältige Tierwelt beherbergt, die zum Vorschein kommt, wenn man sich langsam und ruhig fortbewegt. Füchse, Hirsche, Wildschweine und Sardische Wildkatzen sind neben unzähligen Vogelarten die Hauptbewohner des Gebietes, dessen hohe, dichte Steineichen den Monte Arci fast komplett verdecken. Ein kleines Highlight und ein wunderschönes Waldgebiet ist »Acqua Frida« in der Nähe des Dorfes Ales. Hier kann man zahlreiche Naturquellen entdecken.

Oberhalb der Stadt Marrubiu, an den Hängen des Monte Arci, befindet sich auf einer Lichtung direkt neben einem Pinienwald die Kirche Santa Maria di Zuradili aus dem Jahr 1663. Der Ausblick ist von atemberaubender Schönheit. Wer sich noch mehr für das vulkanische Gesteinsglas interessiert, ist im Obsidian-Museum in Pau an der richtigen Adresse. Hier wird den Besuchern von sachkundigem Personal dessen Ursprung erklärt und beschrieben, wie die damalige Zivilisation es 3000 vor Christus verwendet hat.

Adresse 09090 Morgongiori | Anfahrt SS 131 südlich von Oristano Richtung Uras verlassen, nach Uras, SS 442 durch Morgongiori, den Schildern nach »Is Benas« und zum »Cantiere forestale« folgen | Tipp In Zeppara in der Via Vittorio Emanuele 10 befindet sich das sardische Spielzeugmuseum, in dem Spielzeug vergangener Zeiten bewundert werden kann (www.museogiocattolosardegna.it).

57 Die Lagune von Nora

Das Naturschauspiel

Die Lagune von Nora ist eine sogenannte »aquatische Übergangsumgebung«, in der sich das Süßwasser des Flusses und das Salzwasser des Meeres vereinen. Sie bietet zudem ein wunderschönes Naturschauspiel, nicht zuletzt aufgrund ihres einzigartigen Ökosystems, das sehr wichtig für die Biodiversität ist, denn hier lebt eine Vielzahl von Pflanzen und Tieren. Mit ihren 55 Hektar Fläche ist sie keine gewöhnliche Lagune. Sie breitet sich weit aus und umfasst verzweigte Systeme von Inselchen und Kanälen, die das Mündungsgebiet des Wildbaches Riu Arrieras charakterisieren. Ein bemerkenswerter Ort: auf der einen Seite die Lagune, auf der anderen das Meer, die verankerten Fischerboote und der Strand, an dessen Spitze sich die archäologischen Ausgrabungen von Nora befinden. In der Ferne sind Fischerboote zu erkennen, die noch nach traditionellen Methoden fangen.

Was die Tierwelt angeht, sind hier sehr viele Vogelarten anzutreffen, unter anderem Graureiher, Seidenreiher, Flamingos, Eisvögel und diverse Möwenarten wie zum Beispiel die seltene Korallenmöwe. Die Unterwasserwelt der Lagune beherbergt Geißbrassen, Meeräschen, Doraden und Wolfsbarsche. In dieser herrlichen Oase wurde 1993 sogar ein Erholungszentrum für Wale und Meeresschildkröten gegründet und seitdem erfolgreich geführt.

An die kleinen Besucher wurde ebenfalls gedacht, denn im nahe gelegenen Wild- und Safaripark können Kinder viele Tierarten der Über- und Unterwasserwelt beobachten. Am eindrucksvollsten ist jedoch die von dem Künstler Edoardo Malagigi erdachte Meeräsche »Schillelè«. Eine acht Meter große Skulptur, die aus vom Meer angespülten Abfällen besteht. Sie soll zum Nachdenken über den Konsum und die Nachhaltigkeit unseres täglichen Handels anregen. Auch die Einwohner von Pula haben beim Aufbau des Projekts geholfen. Die Lagune vermittelt eine Botschaft für ein besseres Zusammenleben von Mensch und Natur.

Adresse Località Nora, 09010 Pula | Anfahrt SS 131, Ausfahrt SS 554 Pula / Quartu Sant'Elena, weiter Richtung Aeroporto Elmas / Cagliari / Iglesias / Pula, auf Via della Rinascita / E 25/SS 554, nach 5,4 Kilometern auf SS 195 Sulcitana Richtung Pula / Nora / Porto Industriale bis Laguna di Nora | Tipp Das Restaurant Blu Moon in Nora liegt direkt am Meer. Hier wird frischer Fisch auf sardische Art zubereitet (Tel. +39/070/9245494).

58 Der Belvedere Salvatore Sini

Traumhafte Aussicht mitten in der Stadt

Parkplatzsuche, Shoppen, Stau und Trubel – so sieht für viele das Stadtleben aus. Natürlich erfreut sich jeder an einem Spaziergang durch die reizvolle Altstadt von Nuoro mit ihren gepflasterten Gassen, vorbei an Steinhäusern und kleinen Plätzen, oder an einem Besuch im Restaurant im historischen Viertel Sèuna. Doch viele Besucher sind zwischendurch für einen ruhigen Zufluchtsort dankbar, um dem Chaos zu entkommen. Und genau so ein Ort ist der Aussichtspunkt »Belvedere Salvatore Sini«, breit und weitläufig gestaltet, mit einem atemberaubenden Blick. Er beginnt in der Via Aspromonte, wo man ein großes Angebot an Sitzmöglichkeiten vorfindet, und zieht sich weiter über die Viale Francesco Ciusa, die bis zum Berggipfel des Ortobene führt, wo mit der Redentore-Statue das Wahrzeichen von Nuoro liegt.

Das Geländer des spektakulären Aussichtspunktes ist aus Glas und Eisen, dies ermöglicht die weite Sicht ins grüne Tal bis hin zu den angrenzenden Bergen. Der Trubel ist schnell vergessen. Die Einheimischen lassen sich auch von kälteren Temperaturen im Winter nicht davon abhalten, den Aussichtspunkt zu besuchen. Sie legen sich einfach ein Stück Pappe oder Zeitung auf die Bank, um die Kälte des Eisens nicht zu spüren. Mit etwas Glück kann man den majestätischen Flug von Wanderfalken oder Steinadlern bewundern, bevor sie sich in den Sturzflug begeben, um ihre Beute zu fangen. Mitten in der Großstadt ist die Natur so nah – ja, bei 36.000 Einwohnern wird auf Sardinien von Großstadt gesprochen!

Nuoro ist eine Stadt, die von regem Kulturleben geprägt ist. Künstler und Schriftsteller wie Francesco Ciusa, Grazia Deledda oder Salvatore und Sebastiano Satta machten die Stadt berühmt. Das soziale Leben spielt sich auf dem belebten Corso Garibaldi ab.

Adresse Via Aspromonte, 08100 Nuoro | Anfahrt SS 131 Diramazione Centrale Nuorese, Ausfahrt Nuoro / Tortolì, der Beschilderung Nuoro Centro folgen, weiter auf SS 389var di Buddusò e del Correboi und SS 129 Trasversale Sarda, nach 2,2 Kilometern rechts, nach 500 Metern rechts auf Via Aspromonte | Tipp Das Lokal »Il Rifugio« in der Via Antonio Mereu 28 ist ein traditionell sardisches Restaurant mit Auszeichnung (www.trattoriarifugio.com).

59 Das Geburtshaus

Grazia Deledda und ihr Weg zur Schriftstellerin

Der perfekte Ort für Literaturliebhaber: das Geburtshaus von Grazia Deledda (1871–1936), Schriftstellerin und Nobelpreisträgerin aus dem Jahr 1926.

Im Stadtteil Pedru, auch bekannt als Hirtenviertel, befindet sich das Geburtshaus der Schriftstellerin. Es erstreckt sich über drei Stockwerke mit einem schönen Innenhof und ist ein typisches »Barbagia-Haus«, das typisch für die Gegend ist. Die Nobelpreisträgerin lebte dort bis zu ihrer Hochzeit im Jahr 1900. Genau ein Jahr später verließ sie Sardinien und zog nach Rom. Es vergingen einige Jahre, bis das Haus schließlich 1913 verkauft wurde, doch bis zum Jahr 1968, als die Stadt Nuoro das Haus kaufte und es zum Nationaldenkmal erklärte, blieb alles unverändert. Elf Jahre später, im Jahr 1979, begannen die Arbeiten, um das Geburtshaus der Schriftstellerin in ein Museum umzugestalten, das schließlich 1983 seine Pforten öffnete. Es wurden persönliche Gegenstände, Manuskripte und Fotografien von ihrem Arbeitszimmer in Rom ausgestellt, um alles authentisch wirken zu lassen. All das wäre ohne die Hilfe und Großzügigkeit der Familie Madesami-Deledda nie möglich gewesen.

Grazia Deledda wurde in eine wohlhabende Familie hineingeboren. Ihr Vater war ein angesehener Händler mit Anwaltsdiplom. Ihre Mutter war, wie viele Frauen zu dieser Zeit, Analphabetin. Grazia hatte das Glück, das Lesen und Schreiben bereits sehr früh von ihrem Onkel zu erlernen. Im zarten Alter von 13 Jahren begann ihre Karriere als Schriftstellerin. Sie schickte eine ihrer Geschichten an die Modezeitschrift »L'Ultima Moda« und wurde anschließend aufgefordert, weitere Erzählungen einzusenden. 1890 veröffentlichte sie ihren ersten Roman »Stella d'oriente«.

Im Jahr 1926 wurde sie nach der Veröffentlichung ihres Romans »La Madre« mit dem Nobelpreis ausgezeichnet. Das Buch erzählt die Geschichte einer Mutter und ihres erwachsenen Sohnes.

Adresse Via Grazia Deledda 42, 08100 Nuoro, Tel. +39/0784/242900 | Anfahrt SS 131, Ausfahrt Nuoro, rechts halten in Richtung Nuoro Centro, weiter auf SS 389var di Buddusò e del Correboi, nach 2,7 Kilometern im Kreisverkehr 1. Ausfahrt, nach 270 Metern im Kreisverkehr 2. Ausfahrt nehmen, nach zwei Kilometern rechts auf Via Giampiero Chironi, nach 150 Metern links auf Via Grazia Deledda | Öffnungszeiten je nach Saison unterschiedlich | Tipp Eine eindrucksvolle Ausstellung zeitgenössischer Kunst Sardiniens kann man im »MAN_Museo d'Arte Provincia di Nuoro« in der Via Sebastiano Satta 27 besuchen (www.museoman.it).

60 Il Redentore

Der berühmte Zeh

Die Statue des Erlösers ist aus Bronze und hat ihren Platz auf der Spitze des Monte Ortobene oberhalb von Nuoro auf einer Höhe von 925 Metern über dem Meeresspiegel gefunden. Der Bildhauer Vincenzo Jerace begann um 1900 in Neapel mit der Arbeit und stellte die Figur Anfang 1901 fertig. Auf der Fläche der segnenden Hand, die der Stadt Nuoro zugewandt ist, ließ Vincenzo folgende Widmung eingravieren: »An Luisa Jerace, die starb, während er die Figur formte«.

Il Redentore (der Erlöser) ist von Kopf bis Fuß sieben Meter hoch und mit seinen fast zwei Tonnen Gewicht nicht gerade leicht. Vincenzo brachte die Statue mit dem Schiff auf die Insel und transportierte sie mühsam auf einem Anhänger, der von Rindern gezogen wurde, auf den Monte Ortobene. Seit 1901 wird jedes Jahr am 29. August das Redentore-Fest gefeiert, für die Sarden eine der wichtigsten religiösen Feierlichkeiten. Es kommen zahlreiche Folkloregruppen, die an diesem Tag die Prozession in sardischen Trachten begleiten. Die Zeremonie beginnt bei Sonnenaufgang in der Kathedrale von Nuoro, von wo aus man anschließend weiterzieht, um das religiöse Ritual bei der Figur zu beenden. Die Statue entstand auf Wunsch von Papst Leo XIII., der in allen Regionen Italiens Denkmäler für den Erlöser errichten ließ. Auf Sardinien wurde der Monte Ortobene als Platz für die Statue gewählt.

Am Fuß der Figur zeigen sich die Spuren der Zeit, denn es hat sich der Brauch etabliert, den Zeh des Erlösers zu berühren, wenn man auf dem Berg angekommen ist. Dadurch soll man Glück und Frieden erfahren und gleichzeitig dem Erlöser gedenken. Nach über 100 Jahren dieses Rituals ist der Zeh von den Händen der Gläubigen regelrecht blank poliert. Rings um die Statue befinden sich zahlreiche Wanderwege und davor eine gastronomische Einrichtung sowie ein großer Kinderspielplatz mit Picknickbänken. Die Wanderwege sind gut ausgeschildert.

Adresse Monte Ortobene, 08100 Nuoro | Anfahrt SS 131, Ausfahrt Nuoro/Tortolì, weiter Richtung Nuoro Centro/Orune und der SP 42 folgen, nach 3,9 Kilometern links auf Monte Ortobene | Tipp Das Museo del Costume in der Via Antonio Mereu 56 in Nuoro beherbergt traditionelle Kleidung, Masken, Musikinstrumente und weitere Gegenstände der sardischen Geschichte (Di–So 10–13 und 15–20 Uhr, Tel. +39/0784/257035).

61_La Cantina Oliena

Der besondere Rotwein

Mitten im Herzen der Stadt Oliena, in der knapp 7.000 Menschen leben, befindet sich die Weinkellerei »Oliena« direkt gegenüber einer Tankstelle. Man hat also die Wahl, Benzin oder Wein zu tanken! Tatsächlich ist es möglich, sich in der Weinkellerei einen Weinkanister auffüllen zu lassen. Das ist bei den Einheimischen üblich, Besucher von außerhalb lassen sich lieber von der Auswahl an besonderen Etiketten inspirieren und gönnen sich einen guten Tropfen.

Das ist genauso zu empfehlen, denn immerhin wird hier der berühmteste Cannonau Sardiniens produziert: der Cannonau Nepente di Oliena, ein trockener, körperreicher Rotwein mit markanter Struktur. Der Wein wird in sonnigen Lagen in den Hügeln der Gemeinde Oliena angebaut. Aufgrund des trockenen Klimas und des kargen Bodens trifft die Rebsorte hier auf optimale Bedingungen. Ein exzellenter Rotwein, der vielseitig zu kombinieren ist – am besten natürlich mit kulinarischen Spezialitäten aus der Region.

Das Weingut wurde 1950 von einer Gruppe von Winzern aus Oliena gegründet, die den Cannonau-Wein veredeln wollten. Die uralten Methoden, mit denen sie begonnen hatten, wurden mit der Zeit fortschrittlicher und durch heutige Produktionstechnologien teilweise ergänzt und ersetzt. Die produzierten Weine werden regional, national und international vertrieben. In Oliena hat jede Familie mindestens einen Weinberg, der von Generation zu Generation weitervererbt wird. Wein ist für die Olianer immer auch mit Erinnerungen und Freundschaft verbunden.

Neben dem Wein ist Oliena für seine wunderbare Handwerkskunst bekannt. Es werden neben Holztruhen, in denen das typische Pane Carasau aufbewahrt wird, Teppiche, Decken, Stickereien und Filigranschmuck angefertigt. Öl aus erlesenen Olivensorten ist neben dem Wein das Spitzenprodukt dieser Gegend. Und auch die von der Schafzucht geprägte Küche ist einzigartig.

Adresse Via Nuoro 112, 08025 Oliena, www.cantinasocialeoliena.it | **Anfahrt** SS 131 Diramazione Centrale Nuorese, Ausfahrt Nuoro, der Beschilderung nach Oliena folgen und weiter auf SS 389var di Buddusò e del Correboi, Ausfahrt Nuoro Centro, auf Circonvallazione Sud, SP Nuoro – Orgosolo / SP 58, nach 1,7 Kilometern links auf SP 22, nach 6,4 Kilometern links, Cantina auf der rechten Seite | **Öffnungszeiten** Mo – Fr 9 – 13 und 15 – 19 Uhr, Sa 9 – 12 Uhr | **Tipp** Im Ristorante Sa Corte in der Via Nuoro 138 gibt es traditionelle sardische Gerichte (Tel. +39/0784/1876131).

62 Die Stadt der Revolution

Jedes Wandgemälde übermittelt eine Botschaft

Das Meer, das die Insel umgibt und vom Rest Italiens trennt, wird im täglichen Leben und auch politisch oft als Nachteil angesehen. Die Trennung vom Festland ermöglichte es jedoch, dass die sardische Kultur und Identität gedeihen konnte, bis heute intakt ist und sich weiterentwickelt. Ein Beispiel, das die Geschichte der Sarden widerspiegelt, sind die als Murales bekannten Wandmalereien. Jede einzelne beinhaltet eine Botschaft, mal deutlich, mal nicht sofort erkennbar. Es gibt kein Dorf auf der Insel, in dem nicht mindestens eine Hauswand mit einem solchen Wandgemälde geschmückt ist.

Orgosolo gilt als die Stadt der Wandmalereien und liegt nur 21 Kilometer von der Provinzhauptstadt Nuoro entfernt. Die Hauswände der Gemeinde schmücken über 150 Murales, sie erzählen Geschichten von Bräuchen, Traditionen und politischen Ansichten. Das erste Gemälde entstand im Jahr 1969, es wurde von einer anarchistischen Gruppe angefertigt und mit dem Kollektivnamen Dioniso unterzeichnet. Die Darstellung gibt das Leben der Landleute und Schäfer wieder, den Kampf um Grund und Boden. Einige Jahre später fertigte ein Lehrer aus Siena mit seinen Schülern weitere Murales an, um den Widerstand gegen und vor allem die Befreiung vom Faschismus zu feiern. Der Brauch der Wandgemälde ist bis heute erhalten geblieben und setzt sich immer weiter fort.

Kleine Gemeinden nutzen Darstellungen des typischen sardischen Lebens, um ihren Ort zu verschönern und ihre Vorfahren zu ehren, indem deren Wurzeln und ihre bäuerliche Tätigkeit als Motive verwendet werden. In Aritzo beispielsweise, dem Dorf der Kastanien, hat der Künstler Mauro Patta mit einem Hauch von moderner Kunsttechnik wunderschöne traditionelle Werke hinterlassen. Doch Orgosolo bleibt ungeschlagen, bis heute kommen Künstler, um den Ort noch attraktiver zu gestalten, und bringen neue Botschaften und Geschichten mit.

Adresse 08027 Orgoslo | Anfahrt SS 131 Diramazione Centrale Nuorese, Ausfahrt Nuoro, Richtung Orgosolo, weiter auf SS 389var di Buddusò e del Correboi, Ausfahrt Mamoiada/Orani, der SP 22 9,1 Kilometer bis zum Ziel folgen | Tipp Am Corso Repubblica findet man bei der Hausnummer 103 ein kleines Privatmuseum, in dem das Leben vergangener Zeiten wieder auflebt: die »Casa Museo di Orgosolo«.

63 L'Oasi Biderosa

Die Perle von Orosei

Wer neben Strand, Sonne und Meer noch etwas anderes erleben möchte, ist hier genau richtig. Abenteuer wird in der Oasi Biderosa großgeschrieben, denn dieser Naturpark umfasst ein Gebiet von 860 Hektar, das zum Großteil aus Wäldern besteht. Vom Eingang bis zum ersten Strand sind es circa vier Kilometer Fußmarsch. Das klingt anstrengend, der Weg ist jedoch angesichts der schönen Buchten mit feinem Sand und smaragdgrünem Wasser jeden Meter wert. Außerdem kann man hier verschiedene Tierarten bewundern, zum Beispiel die Zugvögel, die in den Lagunen »Sa Curcurica« und »Biderosa« einen Zwischenstopp auf ihrem Weg nach Nordafrika einlegen und von sogenannten Birdwatching-Stationen aus in Ruhe beobachtet werden können.

Von Mai bis Oktober stehen nur begrenzt Parkmöglichkeiten zur Verfügung. Es empfehlt sich, vorher auf der Internetseite der Oase zu reservieren.

Wem der Fußweg zu weit ist, der kann die Strecke auch mit dem Fahrrad zurücklegen. Hierbei ist allerdings ein Reglement zu beachten, damit dieses grüne Paradies der Ruhe erhalten bleibt. Die Vielfalt der Eindrücke ist einzigartig: von Pinien- und jahrhundertealten Korkeichenwäldern, künstlerisch anmutenden Felsformationen, Lagunen und Stränden bis hin zu Aussichtspunkten mit tollem Panorama. Eine besonders schöne Aussicht genießt man vom Monte Urcatu. Wem die Sonne zu viel wird, der kann an diversen Picknickplätzen unter Stein- und Korkeichen, Eukalyptusbäumen und Wacholdersträuchern Schatten finden und in die entspannende Atmosphäre der Oase eintauchen.

Fahrräder, Kajaks, Kanus, Sonnenschirme und Liegestühle können vor Ort ausgeliehen werden. Darüber hinaus bietet die Oase Wander- und Kanutouren sowie einen Shuttleservice von den Hotels in Cala Liberotto und Orosei an. Hier gibt es eine Bar, in der alkoholfreie Getränke und schnelle Gerichte verzehrt werden können.

Adresse SS 125 Orientale Sarda, 08028 Orosei | **Anfahrt** SS 131 Diramazione Centrale Nuorese, Ausfahrt Dorgali, Richtung Cala Gonone über SP 73 und SP 38, nach 150 Metern links auf SP 25, dann auf SS 129 Trasversale Sarda, nach 4,8 Kilometern leicht links auf SS 125 Orientale Sarda, nach 12,5 Kilometern rechts, dann wieder rechts | **Tipp** Der Agriturismo Gollei in der Località Su Catreattu 32 bietet ein tolles Ambiente, sehr freundliches Personal und spitzenmäßiges Essen. Ein Muss, wenn man in Orosei ist (Tel. +39/339/1328856)!

64 La Palude di Osalla

Biologische Vielfalt, so weit das Auge reicht

Das Wort Palude (Sumpfgebiet) klingt nicht sehr einladend. Wer sich damit auskennt, weiß, dass Sumpfland aus einem oder mehreren Gebieten mit undurchlässigem oder unzureichend entwässertem Boden besteht, in dem Regenwasser oder Wasserläufe ein Sammelbecken speisen, das normalerweise flach ist und von einer bestimmten Flora bewohnt wird. Die Palude di Osalla ist so ein Sumpfgebiet, sie befindet sich in der Ebene des Flusses Cedrino, der später am Strand von Osalla in Orosei ins Meer mündet. Direkt vom Parkplatz aus kann man die Teiche Su Pedrosu und Avalè inklusive ihrer tierischen Bewohner bewundern. Anzutreffen sind unter anderem Kormorane, Graureiher, Kuhreiher, Enten, Flamingos, Blesshühner sowie Stelzenläufer. Ein wahres Naturschauspiel, begleitet vom Rauschen des Meeres und dem Zwitschern kleiner Vögel. Der lang gezogene Strand bietet viele Sitz- und Liegemöglichkeiten.

In den frühen Morgen- und Abendstunden kann man Fischer beobachten, die sich langsam mit ihren Ruderbooten fortbewegen, um nach ihren Angelnetzen zu sehen. Die vielen Vogelarten betrachten das Geschehen aufmerksam, denn immerhin könnte eine Mahlzeit für sie dabei herausspringen. Im Küstengebiet sind viele interessante Pflanzenarten beheimatet. Auf dem abwechselnd sandigen und felsigen Untergrund wachsen diverse Arten von Gestrüpp und Buschwerk, was wiederum viel Schutz für die kleinen Bewohner des Sumpfgebietes bedeutet. Das Antlitz der Küste ist geprägt von unterschiedlichen Euphorbien-Arten (Wolfsmilch), die einen stimmigen Kontrast zum kristallklaren türkisfarbenen Meer bilden, das direkt hinter dem Sumpfland liegt.

Die Palude di Osalla ist ein Paradies für Vogel- und Pflanzenarten, die sich hier zu einem wahren Meisterwerk der Natur zusammenfinden. An geführten Radtouren, die vor Ort angeboten werden, kann man mit dem eigenen oder einem gemieteten Fahrrad teilnehmen.

Adresse 08028 Orosei | Anfahrt SS 131 Diramazione Centrale Nuorese, Ausfahrt Dorgali, Richtung Cala Gonone, auf SP 73, dann SP 38, nach 150 Metern links auf SP 25 bis zur SS 129 Trasversale Sarda, nach 5,4 Kilometern rechts, dann links in Via Liguria, nach 600 Metern rechts, nach 350 Metern links, 2,2 Kilometer bis zum Ziel | Tipp Wer eine einfache, gute und günstige Küche sucht, ist in Peppe's Bar in der Via del Mare in Orosei richtig. Tolle Lage direkt am Strand (Tel. +39/340/1685688).

65 Der Aussichtspunkt

Der verborgene Schatz

Sardinien ist für kurvenreiche Straßen und sich stets ändernde Landschaftsbilder bekannt. Gemeint sind nicht die Provinzstraßen an der Küste, sondern die Serpentinenstraßen im Landesinneren, die sich ihren Weg in abgelegene Dörfer bahnen, in die sich Touristen nur selten verirren. Eine dieser Straßen ist die SP 10 von Escalaplano Richtung Orroli. Es geht zunächst einmal bergab und anschließend wieder bergauf, vorbei an vielfältiger Vegetation, die sich stets zu wiederholen scheint. Umso überraschender ist das plötzliche Auftauchen des Lago Mulargia, der zu reizvollen Schifffahrten einlädt.

Kurz danach folgt eine Abzweigung nach rechts, ein Schild weist zur »Nuraghe Arrubiu«. Die größten Schätze sind meist dort verborgen, wo niemand sie erwartet. Mit Aussicht auf den See geht es weiter Richtung Nuraghe. Nach circa drei Minuten Autofahrt erreicht man einen an der SP 10 nicht ausgeschilderten großen Parkplatz. Genau der richtige Ort, um eine kleine Pause zu machen, denn hier liegt der verborgene Schatz: ein Aussichtspunkt mit spektakulärem Panorama in wilder, unberührter Natur. Ein paar Stufen und es ist geschafft, eine unbeschreibliche Weite und ein tiefes Tal breiten sich vor den Augen aus, die Spitze des Lago Basso del Flumendosa sowie eine einsame Schäferhütte sind zu erkennen. Wer sich Zeit nimmt, kann den Klang der Natur genießen, eine Mischung aus dem Flüstern der Bäume und der Symphonie des Windes. Natur pur in ihrer wildesten Schönheit.

Nach diesem Erlebnis bietet es sich an, die nahe gelegene Nuraghe Arrubiu zu besichtigen. Auch die Gemeinden Orroli und Escalaplano sind einen Besuch wert. In Orroli findet beispielsweise seit zwei Jahrzehnten jedes Jahr im Sommer ein wichtiges Straßenrennen statt, »Corrorroli – Memorial Mariano Leoni Corre«, das eine große Anzahl internationaler Läufer anzieht und ein breites Publikum anspricht.

Adresse zwischen Escalaplano und Orroli an der SP 10, 08030 Orroli | Anfahrt SS 131 Carlo Felice, Ausfahrt Nuramis, SP 33 bis Orroli, von dort SP 10 Richtung Escalaplano | Tipp Der Agriturismo Sa Sienda direkt gegenüber der Nuraghe Arrubiu bietet sehr gute traditionelle sardische Küche und ist sehr beliebt (Tel. +39/328/9372510).

66 Die Nuraghenzimmer

Die etwas andere Übernachtungsmöglichkeit

Gemütlich zu schlafen ist gerade im Urlaub für viele Menschen sehr wichtig. Eine Übernachtung im Agriturismo Il Nuraghe del Lago Coghinas ist etwas ganz Besonderes. Berg- und Seeblick, Garten, Pool und viele Wandermöglichkeiten zeichnen diese Location aus. All dies klingt erst einmal nicht außergewöhnlich, doch wer das Glück hat, eines der Nuraghenzimmer zu bekommen, oder es explizit vorab reserviert, wird überwältigt sein. Denn wer kann schon von sich behaupten, einmal in einer Nuraghe übernachtet zu haben?

Nuraghen sind prähistorische Turmbauten der Bonnanaro-Kultur aus der Zeit zwischen 2200 und 1600 vor Christus. Im Agriturismo gibt es drei Doppelzimmer, die eine runde Form haben und mit Stein verkleidet sind. Sie sind liebevoll und geschmackvoll eingerichtet. Eine Oase im Grünen, direkt am Lago Coghinas – der ideale Ort zum Entspannen. Jeden Morgen erwartet die Gäste ein großzügiges und vielfältiges Frühstück. Margherita und ihre Mitarbeiter begrüßen ihre Gäste mit einem herzlichen Lächeln. Ihre Liebe zum Detail ist überall zu spüren, vom Gästezimmer über die Außenanlagen bis hin zu den kulinarischen Spezialitäten. Ein Beispiel dafür sind die selbst gemachten, mit Kräutern der umliegenden Natur gefüllten Duftkissen, die jedem Raum ein angenehmes Aroma verleihen. Die landestypische Einrichtung ist das i-Tüpfelchen für eine authentische Atmosphäre.

Der Lago Coghinas entstand übrigens zu Beginn des 20. Jahrhunderts, er ist der größte See im Norden Sardiniens und der zweitgrößte der ganzen Insel. Das Sport- und Freizeitangebot ist vielfältig und reicht von Trekking- und Mountainbiketouren bis hin zu Wanderungen zu Pferd. Für Ausflüge auf dem See zu großen Buchten mit steilen Felsen bieten sich Kajak- und Kanutouren an. Jedes Jahr kommen außerdem viele Besucher, um die italienischen Meisterschaften im Hochgeschwindigkeits-Jetskifahren zu verfolgen.

Adresse SS 392 del Lago del Coghinas 26, 07027 Oschiri, Tel. +39/079/9576653 | **Anfahrt** SS 131 Carlo Felice, Ausfahrt Mores / Ozieri, SS 128bis Centrale Sarda bis Oschiri, auf SS 392 del Lago del Coghinas, der Straße circa zwei Kilometer bis zum Ziel folgen | **Tipp** Das Feinkostgeschäft Sapori di Oschiri in der Via Europa 8 wartet mit regionalen Spezialitäten und Besonderheiten der Kleinstadt Oschiri auf (Tel. +39/079/732069).

67 Il Ponte Diana

Die unsichtbare Brücke

Faszinierende Landschaften, umgeben von unberührter Natur. Spektakuläre Wasserfälle, traumhafte Strände, archäologische Stätten und kulinarische Köstlichkeiten. Über Sardinien gibt es viel zu berichten, ob historisch, mystisch oder skurril, es ist von allem etwas dabei. Wussten Sie, dass es auf der Insel 27.000 Brücken gibt? Eine davon heißt »Ponte Diana«, und ihre Geschichte ist nicht nur interessant, sondern geradezu mysteriös. Der Weg dorthin führt über die Panoramastraße zwischen Oschiri und Tempio Pausania zum Lago Coghinas.

Die Brücke Ponte Diana birgt ein großes Geheimnis. Erbaut wurde sie von dem Ingenieur Aldo Faconti im Jahr 1925, zu Beginn der industriellen Entwicklung der Insel. Er hatte das Ziel, den Einheimischen die Überquerung des Lago Coghinas zu ermöglichen. Seit dieser Zeit hütet sie ein Geheimnis: eine römische Brücke, die sich unter der Wasseroberfläche befindet und bei der Erschaffung des künstlichen Sees überflutet wurde. Aufgrund des kontinuierlich hohen Wasserpegels kommt das uralte Bauwerk nur selten an die Oberfläche. Zuletzt geschah dieses Spektakel im Jahr 2016, als der See aufgrund einer Dürreperiode einen niedrigen Wasserstand hatte. Die Einheimischen haben sie ganz banal »unsichtbare Brücke« getauft. Sie besteht aus sieben Bögen und stammt aus dem Jahr 321 nach Christus. Mittlerweile ist kurz vor Oschiri außerdem ein Teil der zweiten römischen Brücke ans Tageslicht gekommen, die wohl zur selben Zeit errichtet wurde. Beeindruckend, welche Schätze die Natur verbirgt.

Der Lago Coghinas hat seinen Ursprung am Beginn des 20. Jahrhunderts, als der gleichnamige Fluss aufgestaut wurde. Er bietet verschiedene Sportmöglichkeiten und Sehenswürdigkeiten und liegt inmitten der herrlichen Landschaft zwischen Sassari und Gallura. Es empfiehlt sich, auch die wunderschöne Kirche Nostra Signora di Castro zu besuchen.

Adresse SS 392 del Lago del Coghinas 48, 07027 Oschiri | Anfahrt SS 131 Carlo Felice, Ausfahrt Mores/Ozieri, SP 63 und SS 597/SS 729 bis SS 392 del Lago del Coghinas in Oschiri | Tipp Der Felsenaltar »S'altare de Santu Istèvene« stammt aus byzantinischer Zeit und liegt gegenüber der Kirche Santo Stefano in der Via Monte Acuto.

68 Die Masken von Ottana

Caratzas – Boes e Merdules

In dem mystisch anmutenden Atelier Caratzas von Franco Meritano an der Via Sant'Antonio wird Holz derart zum Leben erweckt, dass es manchmal sogar Furcht einflößend wirkt. Mit meisterlicher Kunstfertigkeit und viel Liebe zum Detail werden von Hand geschnitzte Meisterwerke hergestellt: die berühmten Karnevalsmasken Boes und Merdules. Zur Karnevalszeit kann man das Ritual, das mit ihnen verknüpft ist, hautnah miterleben.

Die Merdules (Hirten) versuchen, die Boes (Ochsen) zu bändigen. Das soll den harten Alltag der Landwirte widerspiegeln, ihren nie endenden Kampf mit der Natur. Beide Figuren tragen weiße Schaffelle. Die Maske der Merdules ist bewusst hässlich gestaltet, denn sie soll Böses abwenden. Die Merdules haben verschiedene Utensilien bei sich, zum Beispiel einen Brotbeutel aus Leder sowie Seil und Peitsche, um die Tiere in ihre Schranken zu weisen. Durch das Seil wird auch die untrennbare Verbindung zwischen Mensch und Tier dargestellt, die beide dem Kreislauf des Lebens unterworfen sind. Auf Geburt und Tod folgt die Wiedergeburt, im Ritus tauchen Kuhglocken und mit Masken bedeckte Gesichter auf, alles ist so hektisch wie das Chaos am Beginn der Schöpfung. Die Masken der Boes ähneln einem Ochsen, sie wirken sehr freundlich und sind zugleich Glücksbringer. Zwischen den Augen haben sie einen Stern. Dieser soll den Ochsen und seinen Herrn vor allem Bösen beschützen.

Im Atelier von Franco wird mit minimalistischem Handwerkszeug geschnitzt, es gibt keine Spur von Modernität oder Hightech. Alles, was zu sehen ist, sind Hammer, Meißel und Schnitzmesser in verschiedenen Größen. An den Wänden sind einige Masken ausgestellt, es riecht nach frischem Holz, und der Fußboden ist mit Sägespänen bedeckt. An warmen Tagen arbeiten Franco und sein Mitarbeiter Luca draußen vor dem Atelier, wie in einer Open-Air-Werkstatt, in der Passanten ihre Handwerkskunst bewundern können.

Adresse Via Sant'Antonio 6, 08020 Ottana, Tel. +39/346/2146234 | Anfahrt SS 131, Ausfahrt Ottana, nach 190 Metern links auf Viale Ghitti / SP 17, nach 500 Metern links auf Via Sant'Antonio, Werkstatt auf der rechten Seite | Öffnungszeiten sehr unterschiedlich | Tipp Die Kirche San Nicola wurde 1150 erbaut und war einst die Kathedrale der Diözese Ottana. Sie befindet sich direkt gegenüber dem Atelier.

69 Das Dorf des Brotes

Spitzenreiter ist das berühmte Pane Carasau

Zu Füßen des 1.098 Meter hohen Monte Orohòle liegt das Bergdorf Ovodda, eine typische Gemeinde der Barbagia mit circa 1.600 Einwohnern. Der Ort ist neben seinem Karneval für seine besonderen Brotspezialitäten bekannt. Grießbrot, Vollkornbrot und das beliebte »pane 'e fresa« sind nur einige Spezialitäten, die in Ovodda gebacken werden. Den Bäckern von Ovodda ist es gelungen, die Erfahrungen der Vergangenheit zu einer Garantie für kontinuierliche Qualität zu machen. Bereits am Dorfeingang wird der Besucher durch einen Granitstein mit der Aufschrift »Ovodda – Paese del Pane« auf das hingewiesen, was den Ort ausmacht.

Wie beliebt die Brotspezialitäten sind, lässt sich daran feststellen, dass es in diesem Dorf mit einer so geringen Einwohnerzahl gleich fünf Bäckereien gibt, die 50 Menschen eine Beschäftigung geben. Die Kundschaft kommt sogar aus den Nachbardörfern, die selbstverständlich eigene Bäckereien haben. Doch man nimmt die Fahrt in Kauf, um das beliebte Brot aus Ovodda zu kaufen. Wenn jemand etwas sehr gut kann, dann entsteht meistens ein Produkt, das besonders beliebt ist. In Ovodda ist es das »pane 'e fresa«, das in anderen Gebieten der Insel auch als Pane Carasau bekannt ist. Die Kunst des traditionellen Brotbackens wird von Generation zu Generation weitergegeben, denn die kulinarische Tradition der Insel basiert seit jeher auf Brot. Es ist zudem ein Identifikationsfaktor, und seine traditionelle Zubereitung gilt als geselliges Beisammensein, bei dem die Beziehungen zwischen den Einwohnern kleiner Gemeinschaften gefestigt werden. Ovodda ist da keine Ausnahme und bringt in den täglichen Kreationen die Geschmäcker und Aromen der Vergangenheit zurück.

Wer sich einen besonderen Eindruck verschaffen möchte, sollte am dritten Wochenende im November unbedingt dabei sein, wenn Ovodda seinen Besuchern zeigt, wie das typische Brot gebacken wird.

Adresse 08020 Ovodda | Anfahrt SS 131, Ausfahrt Ottana, auf SP 17, nach 11,9 Kilometern scharf rechts auf SS 128 Centrale Sarda Richtung Bivio / Olzai / Ollolai / Gavoi / Fonni / Sorgono, der Straße bis Ovodda folgen | Tipp Die Trattoria Da Pippo in der Via Umberto 6 bietet gute, einfache Küche. In den Sommermonaten kann man mit etwas Glück mit musikalischer Untermalung draußen essen (Tel. +39/389/9598200).

70 Die Höhle von San Michele

Abstieg in die Dunkelheit

Im Zentrum von Ozieri befindet sich diese 80 Meter lange Kalksteinhöhle. Benannt ist sie nach der Ozieri-Kultur, die früher auch »San-Michele-Kultur« genannt wurde und in der Jungsteinzeit zwischen 3200 und 2800 vor Christus vorherrschte. Ein Teil der Höhle wurde leider beschädigt, als circa 2200 vor Christus die »Domus de Janas«, sogenannte Feengräber, in den Fels gehauen wurden. Bei der Besichtigung der Höhle fühlt man sich in vergangene Zeiten zurückversetzt, denn hier spürt man den Ursprung des Landes und die Kunstfertigkeit der sardischen Vorfahren, die vor 5.200 Jahren all dies erschaffen haben. Auch wenn die Höhle nur 80 Meter lang ist, wirkt sie durch die abwechselnden Formen – mal eng, mal niedrig, mal höher – wesentlich größer.

Es fanden in den letzten Jahrzehnten mehrere Ausgrabungen statt, bei denen unter anderem Keramik entdeckt wurde, die heutigen Erzeugnissen in nichts nachsteht, sondern technisch perfekt ist. Die einstige Bevölkerung Sardiniens beherrschte die Herstellung und Dekoration von Steingefäßen in sehr hoher Qualität. Das Besondere an den Keramikfunden sind die in der Dekoration deutlich erkennbaren Einflüsse verschiedener aus dem Mittelmeerraum stammender Kulturen. Bewacht wird die Höhle übrigens von kleinen Mini-Sauriern: Eidechsen in unterschiedlichsten Farben flitzen durch die Gänge. Aber auch Fledermäuse suchen sich hier hin und wieder einen ruhigen Platz. Direkt vor dem Eingang zur Höhle ist die weiße Statue des Erzengels Michael zu bewundern, die auf einer Säule aus rotem Trachyt steht und von weißen Steinen, die von Menschenhand zu einem Herz geformt wurden, eingerahmt wird.

Was bei den größten Ausgrabungen in den Jahren 1914 und 1949 gefunden wurde, ist im Museo Nazionale Giovanni Antonio Sanna in Sassari zu sehen. Der Besuch der Höhle ist eine erstaunliche Reise in die Vergangenheit.

Adresse Vicolo San Michele, 07014 Ozieri, Tel. +39/079/771131 | Anfahrt SS 131, Ausfahrt Ozieri/Mores, nach 700 Metern SS 128bis Centrale Sarda/SS 128, nach 21 Kilometern rechts auf Via Roma/SS 128bis Centrale Sarda/SS 128, nach 110 Metern rechts auf Via San Michele, dann rechts auf Vicolo San Michele | Öffnungszeiten sehr unterschiedlich | Tipp Im Museo Civico Archeologico »Alle Clarisse« an der Piazza Baden Powell in Ozieri kann man alles über die archäologischen Funde im Gebiet von Ozieri erfahren (Tel. +39/079/7851052).

71 Il Pont'Ezzu

Die römische Verbindungsbrücke

Entlang der Stadt Ozieri fließt der Rio Mannu de Mores, und nicht weit entfernt befindet sich die römische Brücke »Pont'Ezzu«. Diese war in der Antike eine der drei Brücken, die es ermöglichten, den Fluss Mannu zu überqueren. Die von den Römern in der Kaiserzeit erbaute Brücke ist ein beeindruckendes Beispiel monumentaler Architektur. Sie ist 89 Meter lang, 4,30 Meter breit und ruht auf sechs Bögen. Bis vor wenigen Jahrzehnten war die Brücke befahrbar, sie litt jedoch zunehmend an der Last mittelschwerer und schwerer Fahrzeuge. Es mussten immer wieder Reparaturen vorgenommen werden, die die ursprüngliche römische Struktur verändert haben. Es handelt sich trotzdem um eine der größten und am besten erhaltenen antiken Brücken auf der Insel.

Laut der Archäologin Paola Basoli stammt die Brücke vermutlich aus dem 1. Jahrhundert nach Christus, und die erste Restaurierung hat zur Spätkaiserzeit im 3. und 4. Jahrhundert nach Christus stattgefunden. Es wird vermutet, dass diese Brücke sowie zwei weitere in der näheren Umgebung von der römischen Armee errichtet wurden, die in einem Militärlager, dem Castrum Luguidonis in Oschiri, stationiert war. Wieder einmal haben die Römer ein bemerkenswertes Bauwerk hinterlassen. Die Brücke ist eingebettet in eine wundervolle grüne Landschaft, mit einer reichen Flora und Fauna. Zahlreiche Vogelarten singen tagsüber ihre Lieder und können morgens am Ufer des Flusses dabei beobachtet werden, wie sie ihr Bad nehmen und sich vermutlich ein kleines Frühstück sichern.

Im Jahr 1987 wurde das Gebiet rund um die Brücke zum WWF-Projekt ernannt, was der Sanierung und Aufwertung des Gebietes dienen sollte. Das Projekt wurde im Rahmen des Europäischen Umweltjahres ausgezeichnet und erhielt eine zusätzliche Finanzierung. Wer nicht bis zur Brücke laufen möchte, kann sie übrigens auch von der SP1 aus gut sehen.

Adresse 07014 Ozieri | Anfahrt SS 131, Ausfahrt Ozieri / Mores, nach 700 Metern SS 128bis Centrale Sarda / SS 128, nach 3,2 Kilometern links auf SP 20, nach 1,1 Kilometern rechts auf SP 63, nach 12,4 Kilometern leicht rechts auf SP 1, nach 4,8 Kilometern links, nach 450 Metern wieder links, Brücke nach 900 Metern auf der rechten Seite | Tipp Die Spaghetteria »La Cantina di Tore« in der Via Canonico Agostino Sanna in San Nicola ist einfach wunderbar (Tel. +39/353/3061827).

72 Das Dorf der 100-Jährigen

Die älteste Familie der Welt

Das Dorf liegt im Bergland des Salto di Quirra auf knapp 600 Metern über dem Meeresspiegel und hat 1.837 Einwohner. Ein Ort, an dem Tourismus nicht großgeschrieben wird, zumal sich in der Nähe ein militärisches Übungsgebiet befindet. Es lohnt sich dennoch, dieses Fleckchen Erde genauer unter die Lupe zu nehmen. Im Jahr 2014 wurde hier nämlich die älteste Familie der Welt registriert. Acht Geschwister wurden zusammen 828 Jahre alt. Die ältesten Schwestern erreichten ein Alter von 107 und 101 Jahren. Knapp 56 Kilometer entfernt ist das Dorf Villagrande Strisaili, wo es die höchste männliche 100-Jährigen-Rate weltweit gibt.

In beiden Gebieten wachsen wunderbare Steineichen, Wacholderbäume und schöne endemische Pflanzen. Die Menschen leben vorwiegend von der Landwirtschaft, ernähren sich von frischem Hirtenkäse, Fleisch direkt vom Bauern, Wein und Olivenöl. Sind diese Faktoren das Geheimnis? Nun, mit Sicherheit spielen sie eine wichtige Rolle. Die Familien sitzen viel zusammen, stressen sich nicht und genießen die wunderbare Natur, die sie direkt vor der Haustür haben: dichte Wälder mit unzähligen Wegen, die zu traumhaften Aussichtsplätzen führen.

Ein weiterer Aspekt sind der Glaube und die Verbundenheit mit der Religion. Allein in dem kleinen Ort und in der Umgebung gibt es vier Kirchen und zahlreiche religiöse Feste. An Festtagen werden Traditionen gelebt und Rituale durchgeführt, wobei man um Fruchtbarkeit und eine reiche Ernte bittet. Es heißt, dies sei der Grund, weshalb Mutter Natur dem Ort und seinen Menschen so viel Gutes zukommen lässt. Ein faszinierendes Dorf mit vielen kleinen »Tante-Emma-Läden« und Geschäften, in denen Handwerkskunst angeboten wird. In der näheren Umgebung befinden sich zahlreiche Ausflugsziele: der Wald von Santa Barbara, die Naturquelle von Abbamessi, die Wasserfälle von Luesu und Abba Frida.

Adresse 08046 Perdasdefogu | Anfahrt SP 13 bis Perdasdefogu | Tipp Im Parco Naturale Bruncu Santoru liegt die 400 Meter lange und 40 Meter tiefe Schlucht Sa Brecca de Is Tapparas, durch die ein Weg führt.

73 Die Insel San Macario

Abwehrturm und Thunfischlager

Entlang des Riu Pula gibt es drei Wege, die zum Strand Foxi Lino führen, und der Schotterweg ist der abenteuerlichste davon. Die Vegetation wechselt zwischen Bäumen, Gebüschformationen und Bambus. Am Ende des Weges angelangt, bietet sich eine freie Sicht auf die wunderschöne kleine Insel San Macario. Sie befindet sich knapp 400 Meter vom Ufer entfernt, und auf der Inselspitze erhebt sich der Turm von San Macario. Blickt man von der Sandbucht über das blaue Meer auf die grüne Insel mit ihrem alten Steinturm, scheint es fast so, als würde er über die Badegäste wachen.

Der Turm von San Macario entstand im Jahr 1595 und diente als Abwehrturm gegen Eindringlinge. Nur wenige wissen, dass die kleine Insel einst als Thunfischlager genutzt wurde. Direktoren und Angestellte hatten hier sogar ihre Häuser und Wohnungen.

Die Überreste sind noch heute deutlich erkennbar. Der Turm war mit zwei Kanonen ausgerüstet, die direkt aufs Meer gerichtet waren, sowie einer weiteren Kanone, die auf den Strand zielte. Die kleine Insel hat eine lange Geschichte zu erzählen, denn sie war bereits lange vor dem Abwehrturm und dem Thunfischlager bewohnt. In der Antike, von 212 bis 217 nach Christus, war sie das Zuhause von Kaiser Caracalla, der den bereits unter Augustus errichteten Tempel von Antas bei Fluminimaggiore restaurieren ließ.

Heute ist die winzige Insel mit ihrem Turm ein beliebtes Postkartenmotiv, aber besucht wird sie selten. Möglich ist die Besichtigung jedoch, am besten mit einem Boot. Für Taucher lohnt sich der Ausflug gleich doppelt, denn die Unterwasserwelt rings um San Macario ist atemberaubend.

Die Insel hat keine Zugangsstege, es ist Vorsicht geboten, wenn man sich ihrem einzigen Strand, der im Westen liegt, nähert. Der Meeresgrund ist unregelmäßig und schafft phantastische natürliche »Pools«, umgeben von Felsen und flachem Wasser.

Adresse Località Foxi, 09010 Pula | **Anfahrt** SS 131, Ausfahrt Pula / Quartu Sant'Elena, nach 350 Metern rechts halten, der Beschilderung Richtung Aeroporto folgen, nach 5,2 Kilometern SS 195 Sulcitana Richtung Pula und bis Strada Vicinale di Santa Vittoria in Pula fahren | **Tipp** Die Pizzeria Da Giancarolo in der Viale Nora 8/10 verwöhnt ihre Gäste mit wunderbaren Fischspezialitäten sowie leckeren Pizzen (Tel. +39/070/9209071).

74_Das Dolce & Salato

Die außergewöhnliche Konditorei

Mit dem Begriff Mittelmeer verbindet man Strand, Sonne, Badespaß, Sport und Fischspezialitäten, doch was außerdem nicht fehlen darf, sind leckere Süßspeisen. Aber wo bekommt man die? Und vor allem: Welche gibt es auf Sardinien? In einem kleinen Dorf mit 2.101 Einwohnern an der Westküste der Insel wird der Besucher fündig. Die Gemeinde Riola Sardo, auch bekannt für gutes natives Olivenöl, bewahrt seit 1987 ein kleines Schmuckstück in der Via de Cristoforis 10. Hinter den Mauern des Gebäudes verbirgt sich kunstvolles Konditorenhandwerk. Ein Betrieb der besonderen Art, mit viel Liebe zum Detail, was sich sowohl bei den angebotenen süßen Spezialitäten als auch in der Einrichtung zeigt.

Beim Betreten der Konditorei wird der Besucher von einer großen Vitrine mit unzähligen Köstlichkeiten empfangen. Die Entscheidung fällt nicht leicht, aber die Verlockung, etwas zu probieren, ist groß. Sehr beliebt sind die kleinen Babà: pilzförmige Hefekuchen, die in Rum getränkt werden und dadurch schön feucht bleiben. Aber auch die Pasticcini mignon werden gern bestellt. Hierbei handelt es sich um kleine Gebäckstücke in verschiedenen Variationen, die mit Früchten belegt und mit Sahne oder Schokolade gefüllt sind. Die Auswahl ist vielfältig, und wer es etwas größer mag, bestellt am besten einen klassischen »Fritto«, frittiertes Gebäck, gefüllt mit Crema pasticcera, einer Art Vanillecreme. Wenn die Entscheidung schwerfällt, ist das freundliche Personal gern behilflich.

Die Auswahl an schönen Tischen lässt keine Wünsche offen. Wer gern mitten im Geschehen sitzt und das rege Treiben an der Theke beobachtet, bleibt am besten im Untergeschoss. Wer Ruhe sucht, für den bietet das Obergeschoss einen gemütlich eingerichteten Raum mit nur wenigen Tischen. Eine kleine Terrasse ist ebenfalls vorhanden. Dolce & Salato ist alles, nur keine gewöhnliche Konditorei.

Adresse Via de Cristoforis 10, 09070 Riola Sardo, Tel. +39/0783/410654 | Anfahrt SS 131, Ausfahrt Solarussa, Richtung Tramatza, über SP 15 und SP 13 bis zur SP 11, nach 1,3 Kilometern im Kreisverkehr 3. Ausfahrt nehmen, nach 1,2 Kilometern rechts | Öffnungszeiten täglich außer Di 6.30–21 Uhr | Tipp Der Olivenölhersteller »Oleificio Giovanni Matteo Corrias« an der SS 292 Nord Occidentale Sarda (Kilometer 120) wartet mit einer großen Vielfalt an Produkten auf (www.oleificiocorrias.it).

75 La Lavanda di Elvio

Die magischen Düfte des Lavendels

Als Elvio Sulas das erste Mal mit der Zier- und Heilpflanze in Kontakt kam, war er so fasziniert von ihrer Farbe und ihrem Duft, dass es nicht lange dauerte, bis der Lavendel ihn vollständig in seinen Bann gezogen hatte und er anfing, die Pflanze eingehend zu studieren. Er beschäftigte sich mit der Pflanzenstruktur, ihrem Nutzen und der Anbaukultur. Sein Wissen vermehrte sich täglich, und so entschied er 2008, neben seinem Weinberg eine Lavendelplantage anzulegen. Bevor es allerdings eine Plantage wurde, fing er mit einer Reihe von Lavendelpflanzen auf seinem Grundstück an. Dort, wo er aufgewachsen ist, wo bereits sein Großvater und Vater ihr Lebenswerk geschaffen hatten, begann nun eine neue Epoche: die Ära des Lavendels in Riola Sardo.

Zu Beginn wurde er nicht ernst genommen, denn für den Lavendelanbau hatte sich bisher auf Sardinien niemand interessiert. Heute sind die Lavendelfelder von Elvio so beliebt und gefragt, dass er sich vor Anfragen kaum retten kann. Elvio, Jahrgang 1949, wird mittlerweile von seinem Sohn Nicola unterstützt, den er mit seiner Leidenschaft angesteckt hat. Zwischen dem 6. und 9. Juli werden die Felder abgeerntet. Besucher sind nach vorheriger Anmeldung herzlich willkommen, die Ernte mitzuerleben.

Lavendel ist ein wahres Wundermittel und wird zur Behandlung von leichten Stress- und Erschöpfungssymptomen sowie als Wundheilmittel eingesetzt. Bis heute hat Elvio keine Nachahmer. Seine Lavendelfelder sind einzigartig auf Sardinien. In seinem Onlineshop und direkt vor Ort können seine hochwertigen Produkte gekauft werden. Zu den reinen Naturprodukten zählen ätherische Öle, Seifen und ein Erfrischungsspray. Zur Blütezeit im Juni und Juli sind die Felder eine wahre Pracht, bereits von Weitem lockt der beruhigend wirkende Duft des Lavendels. Und das Farbspektakel ist ein wahres Fest für leidenschaftliche Fotografen.

Adresse SP 66, 09070 Riola Sardo, www.lavandadielvio.com | Anfahrt SP 66 Riola Sardo Richtung Cuglieri, am Ortsausgang von Riola Sardo 3. Ausfahrt im Kreisverkehr Richtung Is Arutas nehmen, noch einige Minuten bis zum Ziel | Öffnungszeiten am besten einfach klingeln | Tipp Die Familie Carta im Herzen von Sinis an der SP 12, bei Kilometer 7.800 in Zediani, produziert und vertreibt seit 1950 Vernaccia di Oristano und weitere hervorragende Spirituosen (www.silviocarta.it).

76 Der Naturbogen

Der perfekte Ort für einen Heiratsantrag

Meeresrauschen, Möwengeschrei, das Pfeifen des Windes … ein malerischer Küstenort. S'Archittu liegt unterhalb des Montiferru-Gebirges, umarmt von der »macchia sarda«, und hat eine atemberaubende weiße Klippenformation zu bieten. Wind- und Wellenkraft haben hier ganze Arbeit geleistet und einen wunderschönen Naturbogen geformt. Abends kann man hier einen faszinierenden, oscarreifen Sonnenuntergang bewundern, bei dem sich in letzter Minute der Steinbogen über die Sonne legt, als würde er sie zudecken.

Sogar Schriftsteller und Regisseure haben sich von diesem magischen Ort inspirieren lassen. Zum Beispiel wurde der im Jahr 1966 erschienene Film »Star Pilot – Reise ohne Wiederkehr« in S'Archittu gedreht. Aber auch Yogis und Menschen, die Ruhe suchen, kommen gern zum Entspannen oder um die Kraft der Natur für eine heilende Meditation zu nutzen. An den Wochenenden und im Sommer ist der Ort sehr gut besucht. Für diejenigen, die seine wahre Pracht genießen möchten, empfiehlt sich ein Besuch in der Nebensaison.

Von dem phantastischen Naturgemälde noch nicht überzeugt? Den passenden Bilderrahmen liefern die drei pilzförmigen Inselchen, die ebenfalls durch die Kraft des Meeres und des Windes geformt wurden. Einheimische und mittlerweile auch mutige Touristen springen von dem 15,60 Meter hohen Bogen ins Meer. Im Jahr 2001 fand hier sogar die berühmte Cliff-Diving-Weltmeisterschaft statt. Auch Freunde der Unterwasserwelt kommen bei einem Tauchgang oder beim Schnorcheln voll auf ihre Kosten. Ein sehr charakteristischer Ort mit einer kleinen, aber sehr schönen Strandpromenade, die zum Verweilen einlädt. Sei es zu einem romantischen Abendessen vor traumhafter Kulisse oder auf einen Aperitif, um den wunderschönen Sonnenuntergang zu genießen. Der Naturbogen ist über einen gepflasterten Weg sehr gut zu erreichen. Von hier lässt sich der wunderschöne Sternenhimmel perfekt beobachten.

Adresse 09073 S'Archittu | Anfahrt SS 131, Ausfahrt Bauladu / Milis, im Kreisverkehr 2. Ausfahrt auf SP 9 nehmen, nach drei Kilometern rechts auf SP 15, der Beschilderung Richtung S'Archittu folgen | Tipp Im Ristorante Altamarea in der Via Lungomare 36 gibt es frische Fischspezialitäten direkt am Strand (Tel. +39/0785/389021).

77 Die Cascata di San Valentino

Der besondere Wasserfall

Der heilige Valentin wird auf Sardinien »Su Santu Coiadori« genannt, was so viel wie »Heiliger der Liebe« bedeutet. Mitten in der Barbagia liegt das mittelalterliche Dorf Sadali. Es ist unter anderem bekannt für seinen Wasserreichtum und die spektakulären Tropfsteinhöhlen, zudem gehört es zu den schönsten Dörfern Italiens. In Sadali befindet sich die einzige Kirche auf Sardinien, die dem römischen Märtyrer, der im 3. Jahrhundert gelebt hat, gewidmet ist. Das Besondere am Wasserfall ist, dass er das Wasser direkt gegenüber der Kirche ins Dorf fließen lässt, als wäre es ein Zeichen des heiligen Valentin. Der ideale Ort für romantische Pärchen, die gern Valentinstag feiern und dafür einen besonderen Ort suchen.

Der Schutzpatron Sankt Valentin wird im Dorf dreimal im Jahr gefeiert, einmal am 14. Februar. Die anderen zwei Termine sind der 8. Mai und der 6. Oktober. In Sadali wird die Legende erzählt, dass es vor langer Zeit einen Mann gegeben habe, der auf der Durchreise gewesen sei und eine Statue des heiligen Valentin bei sich getragen habe. Er habe vor dem Wasserfall angehalten und die Statue niedergelegt. Als er wieder zu Kräften gekommen war und seine Reise fortsetzen wollte, war die Überraschung groß: Er bemühte sich, die Figur wieder aufzuheben, diese ließ sich jedoch nicht bewegen. Die Sadalesen bestaunten die Statue voller Faszination und behüteten sie fortan. Auf dieser Legende beruht der Name der Kirche San Valentino und letztlich auch der des Wasserfalls, der übrigens der einzige auf der Insel ist, der sich in ein bewohntes Zentrum ergießt.

Nicht weit vom Dorf entfernt liegt die Grotte »Is Janas«, die sich über 350 Meter erstreckt. Der Legende nach war die Höhle der Unterschlupf von drei Janas, mythologischen Figuren, halb Feen, halb Hexen.

Adresse Via Roma 2, 08030 Sadali | **Anfahrt** SS 131, Ausfahrt Paulilatino, weiter auf SP 11, nach zehn Kilometern leicht rechts auf SP 23, nach vier Kilometern scharf links Richtung SS 388, der Beschilderung nach Allai folgen, auf der SP 38 bis zur Kreuzung, links auf SS 442 Richtung Laconi, durch Laconi durchfahren und auf der SP 52 bis Sadali | **Tipp** Das Restaurant »Kòru« in der Via Piave 3 bietet eine phantastische Küche mit hausgemachten und lokalen Spezialitäten (Tel. +39/346/1240842).

78 Der Valentinsweg

Parcours mit Herz

Insgesamt 22 Etappen erwarten die Besucher auf dem Cammino di San Valentino. Es geht quer durch die Gassen der Altstadt, durch die wunderschöne Natur und vorbei an den Hauptattraktionen des Dorfes. Der Weg beginnt mit zwei wichtigen Sehenswürdigkeiten: der Kirche San Valentino und dem gleichnamigen Wasserfall. Diese symbolisieren die Verbindung zwischen der Gemeinde und dem heiligen Valentin. Entlang des Weges wird auf herzförmigen Schildern die Geschichte der jeweiligen Etappe erzählt. Unter anderem die der Waschhäuser Sa Pischera und des Brunnens Funtana Manna. Die charakteristischen Steinhäuser, die liebevoll gestalteten Wege und der Klang des Wassers verleihen dem Rundgang einen gewissen Charme.

Äußerst beliebt ist die zehnte Etappe, denn hier stehen Frieden und Ruhe im Vordergrund. Außerhalb des Dorfes wurde ein Plateau mit Blick auf die wunderschöne Landschaft errichtet, ein Ort für Meditation und Gebet. Wieder im Dorf angelangt, befindet sich direkt hinter der Holzbrücke ein weiterer symbolischer Ort. Pina Monne, die für ihre Wandmalereien bekannt ist, schuf die Stele, die den heiligen Valentin auf seinem Weg darstellt. Sie spendete das Kunstwerk der Gemeinde von Sadali als Zeichen ihres Glaubens und ihrer Verbundenheit mit dem Ort. Nach weiteren Etappen endet der ungefähr 3,6 Kilometer lange Weg am alten Rathaus.

Der Cammino di San Valentino ist ein Gemeinschaftsprojekt des Kulturvereins in Zusammenarbeit mit den Vereinen Pro Loco, Baetorra und der Gemeinde von Sadali. Auch lokale Unternehmen und Institutionen haben wichtige Beiträge zur Umsetzung des Projekts geleistet. Sadali gehört zur Barbagia di Seulo, einem Teil Sardiniens, der vorwiegend aus gebirgigen Gebieten besteht und auch als »Insel auf der Insel« bezeichnet wird. Der kleine Ort Sadali mit seinen 924 Einwohnern liegt inmitten wilder und malerischer Natur.

Adresse Via Roma 2, 08030 Sadali | **Anfahrt** SS 198 von Seui und Lanusei, nach 17,6 Kilometern rechts auf Via G. Deledda, nach 400 Metern links auf Via Roma, nach 610 Metern rechts, Wasserfall San Valentino auf der linken Seite, Weg ab hier ausgeschildert | **Tipp** In der kleinen Snackbar »S'Ambasciada« in der Via di San Valentino wird nicht gekocht. Es gibt »Tagliere Sardo«, typisch sardische Snacks mit Salami, Schinken, Käse und Oliven, dazu sardisches Brot.

79 Das Sardinia Radio Telescope

Die drittgrößte Schüssel Europas

Die Reise zu diesem Teleskop ist traumhaft: Unglaublich schöne Landschaften reihen sich aneinander, und beim Wechsel von der SS 387 auf die SP 25 erreicht man eine riesige Hochebene. Sobald man das Auto verlassen hat, fühlt man sich plötzlich winzig klein.

Mit seinen 64 Metern Durchmesser ist das Sardinia Radio Telescope das drittgrößte Radioteleskop Europas nach dem Radioteleskop Effelsberg nahe Bad Münstereifel mit 100 Metern Durchmesser und dem Jodrell-Bank-Radioobservatorium in England mit 76 Metern Durchmesser. Die Anlage wird im Auftrag des Istituto di Radioastronomia di Bologna (IRB) betrieben, das es von der Firma MT Mechatronics GmbH errichten ließ. Ebenfalls am Projekt beteiligt sind das Istituto Nazionale delle Ricerche (INAF) und der Consiglio Nazionale delle Ricerche (CNR).

Das Teleskop ist 70 Meter hoch, und allein die Kuppel wiegt stolze 3.000 Tonnen. Das Projekt wurde im Jahr 2012 im Gebiet von San Basilio fertiggestellt. Eine Vision aus Technologie und Wissenschaft inmitten der Natur Sardiniens, die in Form einer imposanten und bewundernswerten Riesenschüssel aus Metall Wirklichkeit wurde. Im Mai 2021 wurden die Technik und das Potenzial des Teleskops nochmals verbessert. Die aktive Optik mit 1.116 Aktoren ist eine technologische Innovation. Das Teleskop kann besichtigt werden, Mitarbeiter des INAF, die sich vor Ort befinden, beantworten sehr gern Fragen und erklären ausführlich die Technologie und Funktion sowie die Zusammenarbeit mit der NASA (National Aeronautics and Space Administration) und der ESA (European Space Agency).

Ein Ausflug lohnt sich, und sei es nur, um sich gemütlich auf eine Decke zu legen und neben dem Giganten die Sterne zu bewundern – einfach mystisch.

Adresse Casa Cantoniera di Pranu Sanguni, Località, 09040 San Basilio | Anfahrt SS 131, Ausfahrt Nuraminis, SP 33 und später SS 128 Centrale Sarda, der Straße folgen, links auf die SS 387 del Gerrei abbiegen, nach 8,4 Kilometern links und zum Teleskop | Tipp Die »Pineta Sorgente is Alinos« in Silius ist ein Park mit einer Naturquelle und einem Spielplatz für Kinder – ideal zum Picknicken.

80 Das Wandgemälde

Im Gedenken an »Skizzo«

Kulinarisch, künstlerisch oder historisch? San Gavino Monreale verkörpert alle drei Facetten. Eine Stadt, die nicht vom Tourismus geprägt ist, vermutlich weil sie weit entfernt von der Küste liegt. Ein historisches Zeugnis ist das Castello di Monreale. Die Burg befindet sich in 280 Meter Höhe auf einem frei stehenden Hügel und wurde im Jahr 1309 erbaut. Sie markierte die Grenze zwischen den Judikaten von Cagliari und Arborea. In kulinarischer Hinsicht ist die Stadt für den Anbau von hervorragendem Safran bekannt.

Die künstlerischen Werke der Stadt bewundert man am besten bei einem gemütlichen Spaziergang. In der Druckerei San Gavino Monreale an der Piazza Marconi gibt es einen Stadtplan, auf dem alle Murales (Wandgemälde) eingezeichnet sind. Der Rundgang umfasst mehr als 60 Kunstwerke, davon 40 im Street-Art-Stil. Sie schmücken komplette Fassaden von Häusern und Gebäuden. Heute zählt San Gavino Monreale zu den zehn bedeutendsten Street-Art-Städten Europas.

Alles begann im Jahr 2014, als ein Wandgemälde zum Andenken an Simone Farci, genannt »Skizzo«, geschaffen wurde. Es wurde von Giorgio Casu alias Jorghe entworfen, einem sardischen Künstler, der nach New York ausgewandert ist und sogar ein im Weißen Haus ausgestelltes Porträt von Barack Obama angefertigt hat. »Skizzo« wiederum wurde 1975 in San Gavino geboren. Nachdem er seine Ausbildung als Koch in Alghero absolviert hatte, ging er 1993 nach Rimini und arbeitete in der Gastronomie. Später folgten Jobs in Deutschland und Spanien. Er verstarb im August 2013 nach kurzer, schwerer Krankheit. Er wurde von den Sangavinesi sehr geschätzt, sodass man beschloss, ihm ein Wandgemälde zu widmen. Auf dem Bild von Jorghe sind die historischen Fabriken der Gegend, einige Dörfer des Bezirks und die bei den Sangavinesi beliebtesten Badeorte sowie ein Zug als Symbol des Reisens abgebildet.

Adresse 09037 San Gavino Monreale | Anfahrt SS 131 Carlo Felice, Ausfahrt SP 4.7, San Gavino Monreale | Tipp Jeder, der in San Gavino Monreale im Restaurant Lucignolo in der Via Umberto I 26 war, schwärmt von der tollen Pizza (Tel. +39/070/9377006)!

81 Der Turm von San Marco

Die Sinis-Halbinsel – ein Naturparadies

Für Naturliebhaber und Hobbyfotografen ist dieses Naturschutzgebiet der perfekte Ort. Die flache und weite Landschaft wird landwirtschaftlich stark genutzt und reicht vom Capo Mannu im Norden bis zum Stagno di Cabras. Entlang der Küste finden sich traumhafte Strände wie Is Arutas oder Mari Ermi.

An der Spitze der Halbinsel geht es – außer zu Wasser – nicht mehr weiter. Bereits vom Parkplatz ist der Turm von San Marco zu erkennen, der im 16. Jahrhundert von den Spaniern errichtet wurde. Der Fußweg beträgt gemütliche zehn Minuten. Oben angekommen, blickt man über die Weiten des Meeres und auf den kleinen Touristenort Funtana Meiga. An der Spitze der Halbinsel gibt es mehrere Wanderwege. Der Rundgang dauert ungefähr 70 Minuten. Mit etwas Glück kann man zahlreiche Vogelarten beobachten, aber auch Eidechsen und andere Tiere haben die Halbinsel zu ihrem Lebensraum auserkoren. Die Vegetation ist in den Monaten zwischen März und Mai, wenn alles blüht, besonders schön anzusehen.

Der Rundgang führt unter anderem an der römischen Stadt Tharros vorbei. Gegründet in der Nuraghenzeit um 1600 vor Christus, wurde sie später von den Phöniziern zu einer Handelsniederlassung gemacht. Anschließend befand sich die Stadt unter punischer Herrschaft, bis sie schließlich 238 vor Christus von römischen Truppen erobert wurde. Zwischen 827 und 1070 nach Christus war sie die Hauptstadt des Judikats von Arborea. Nach mehreren Jahrhunderten des Niedergangs wurde die Stadt Tharros um das Jahr 1000 nach Christus endgültig aufgegeben. Sie war allzu anfällig für Sarazenenüberfälle geworden. Wer heute nach Tharros kommt, kann sich leicht in die damalige Zeit zurückversetzen.

Auch Wassersportfreunde kommen hier voll auf ihre Kosten, von Kite- und Windsurfen bis zum Kanuverleih ist alles geboten. Die Sinis-Halbinsel ist eine perfekte Mischung aus Kultur, Natur und Erlebnis.

Adresse 09072 San Giovanni di Sinis | Anfahrt SS 131, Ausfahrt Oristano Nord/Siamaggiore/Zeddiani, SS Nord Occidentale Sarda bis SP 1 in Oristano, weiter über SP 94 und SP 6 bis San Giovanni di Sinis | Tipp Den Beweis dafür, dass man sich von Äußerlichkeiten nicht leiten lassen sollte, findet man im Ristorante Tharros in San Giovanni di Sinis: ein schlichtes Restaurant mit exquisiten Gerichten, liebevoll angerichtet und sehr lecker (Tel. +39/0783/370019)!

82 Das Coltstrumpfband

Das kleine »Far West« der 60er Jahre

Die kleine Gemeinde San Salvatore ist nur zwei Tage im September bewohnt, wenn der traditionelle Fußmarsch von Cabras stattfindet, an dem jedes Jahr fast 800 Mutige teilnehmen. Doch San Salvatore hat eine sehr interessante Geschichte. Wegen seines eigentümlichen Charmes und seiner verblüffenden Ähnlichkeit mit Orten in Arizona oder New Mexico beschloss die sardisch-italienische Film-Produktionsgesellschaft Columbus Cinematografica, in San Salvatore die beliebten »Spaghetti-Western« zu drehen, den ersten bereits 1967. Im Jahr 1968 war unter der Regie von Gian Rocco der berühmte Western »Giarrettiera Colt« (Das Coltstrumpfband) mit Nicoletta Machiavelli, James Martin, Walter Barne und Marisa Solinas erfolgreich. Nicoletta Machiavelli wurde übrigens zur Königin der Spaghetti-Western.

Sogar noch Jahrzehnte später wurde der berühmte Regisseur Quentin Tarantino auf den Film aufmerksam und bezeichnete diesen als Meisterwerk dieses Genres. Er gefiel Tarantino so gut, dass er zugab, von ihm für seinen Film »Kill Bill« inspiriert worden zu sein. Das komplette Dorf wurde für die Dreharbeiten im Stil von New Mexico umgestaltet: weißer Gips, Western-Saloon, Brunnen und Pferdehalterungen. Es wurde kein Detail ausgelassen. Damit nicht genug: Unter der Kirche von San Salvatore befindet sich ein alter römischer Tempel, ein sogenanntes Hypogeum, was wörtlich einen unterirdischen Ort bezeichnet. Nur wenige wissen, dass sowohl die Kirche als auch der römische Tempel auf einer nuraghischen Siedlung errichtet wurden.

San Salvatore di Sinis versetzt seine Besucher in alte Zeiten zurück, und obwohl der Ort seit 1990 nicht mehr als Filmkulisse genutzt wird, strahlt er doch eine besondere Atmosphäre aus. Die Griglieria Bar Abraxas, die sich direkt am Parkplatz befindet, lädt ein, gemütlich im Western-Feeling zu schwelgen und die Szenerie zu genießen.

Adresse 09072 San Salvatore di Sinis | Anfahrt SS 131, Ausfahrt Oristano Nord/ Siamaggiore / Zeddiani, weiter Richtung Cabras / San Giovanni di Sinis und der Beschilderung folgen | Tipp Ein Besuch oder auch eine Übernachtung im Agriturismo Su Pranu in Cabras lohnt sich (Tel. +39/329/8925640).

83 Il Giardino Fantastico

Ein Garten voller Kuriosiäten

Verrückt, skurril und einzigartig ist dieser Garten von Fiorenzo Pilia, der 1993 die Idee hatte, in seinem Obstgarten eine Welt voller kurioser Figuren aus recyceltem Material, Hühnerstallnetzen, Styropor und Plastik zu schaffen. Es ist erstaunlich, wie vielseitig die Figuren sind, die der Künstler kreiert hat, von Flugzeugen über Türme bis hin zu Hähnen und Schildkröten. Im Inneren der Figuren hat er oft Räume eingerichtet. Insgesamt 400 Kunstwerke verteilen sich über den außergewöhnlichen Garten, der einem großen Freilichtmuseum gleicht.

Das absolute Highlight ist die 15 Meter hohe Statue einer liegenden Frau: Im Inneren der Gebärmutter befindet sich ein kleines Apartment, ausgestattet mit Küche, Bett und Bad. Die Tür des Apartments ist ein heiß diskutiertes Thema, handelt es sich doch um die Vagina der Frau. Fiorenzo gab der Figur den Namen »La Signora« (Die Dame). Spektakulär ist auch die Wandgestaltung im Inneren des Apartments, denn hier hat Fiorenzo Pilia die Organe dargestellt. Er nennt dieses Werk »Museo dello Sviluppo« (Museum der Entwicklung). Regelmäßig erhält die Skulptur einen frischen Farbanstrich, damit sie ihren Glanz nicht verliert.

Bei einem Besuch dieses interessanten Ortes braucht man auf jeden Fall genügend Zeit, um alles in Ruhe betrachten zu können, denn so kann man am besten erkennen, was die Skulpturen ausdrücken sollen – schließlich übermittelt jede Figur eine Botschaft. Zum Beispiel die Skulptur, die zwei Hände darstellt und sich beim Vorbeigehen in ein Krokodilgesicht verwandelt. In einer weiteren Statue, die eine alte Frau und einen alten Mann verkörpert, ist im Inneren das Gäste-WC versteckt. Jedes Kunstwerk verbirgt etwas Geheimnisvolles oder fängt an, sich zu bewegen, sobald man sich ihm nähert. All diese Magie ist nur bei einer Führung zur Gänze wahrzunehmen – und wer wäre dafür besser geeignet als der Künstler selbst?

Adresse SS 130dir, 09026 San Sperate, www.sansperarte.com | Anfahrt SS 131, Ausfahrt Ussana / Monastir / San Sperate / Dolianova / Decimomannu, nach 350 Metern rechts auf SS 466, nach 190 Metern im Kreisverkehr 3. Ausfahrt auf SS 130dir nehmen und 6,7 Kilometer weiter | Öffnungszeiten Do – So 10 – 12.30 und 14 – 16.30 Uhr | Tipp Der Giardino Megalitico in San Sperate ist ein Garten mit Steinskulpturen, die durch die prähistorische und nuraghische Megalithkunst inspiriert wurden. Der Garten wurde in den 1970er Jahren geschaffen und liegt in der Nähe des Stadtzentrums.

84 Der Klanggarten

Skulpturen im ehemaligen Zitrushain

Der gebürtige Sarde Giuseppe Sciola, genannt Pinuccio, Jahrgang 1942 und geboren in San Sperate, wuchs in einer Bauernfamilie auf. Schon als kleiner Junge faszinierten ihn Steine so sehr, dass sich eine Lebensphilosophie daraus entwickelte. 1959 nahm er an einer Ausstellung von Künstlern teil, die Figuren jeder Art gestalteten, und sicherte sich so ein Stipendium für das Liceo Artistico in Cagliari. Er selbst sagte über sich, dass die Natur seine Universität gewesen sei und diese ihm eine umfangreiche Bildung beschert habe. Die Jahre am Liceo vergingen schnell, und mit dem Diplom in der Hand ging Sciola anschließend nach Florenz auf die Kunstschule und später auf die Internationale Sommerakademie für Bildende Kunst in Salzburg. Hier bekam er die Möglichkeit, Kurse von Oskar Kokoschka, Giuseppe Monguzzi und Otto Wotroba zu besuchen. Was er im Studium lernte, erweiterte seinen künstlerischen Horizont. Seine Arbeit trug langsam Früchte, und er machte sich unter anderem als Kunstprofessor an der Kunstakademie in Sassari einen Namen.

Nach einer abenteuerlichen Reise durch die Welt sollte sein künstlerischer Weg eine Wende nehmen. 1968 begann er, seine von Landwirtschaft geprägte Heimatstadt San Sperate in eine Museumsstadt zu verwandeln. Auf dem Zitrushain der Familie machte er große Steine zu Skulpturen und bearbeitete diese anschließend mit einer Steinkreissäge. Er meißelte gezielt Risse in die Skulpturen, bei denen er sorgfältig auf Tiefe, Länge und Breite achtete. Anschließend nahm er einen handgroßen Stein und ließ diesen langsam an den Skulpturen entlanggleiten, wodurch er xylofonische Klänge erzeugte. Er arbeitete so lange am Feinschliff, bis ihm die Klänge gefielen, und so wurde der Klanggarten geboren.

Ein mystischer Garten, in dem sich die Skulpturen und ihre Klänge mit der Ruhe des Ortes und der Natur vereinen.

Adresse Via Oriana Fallaci, 09026 San Sperate, www.psmuseum.it | Anfahrt SS 131, Ausfahrt Ussana/Monastir/San Sperate, nach 350 Metern rechts auf SS 466, nach 190 Metern im Kreisverkehr 3. Ausfahrt SS 130dir nehmen, im nächsten Kreisverkehr auf SS 130dir, nach 4,9 Kilometern scharf rechts auf Via Santa Croce SP 4, nach 160 Metern links auf Via Roma, nach 500 Metern rechts auf Via Oriana Fallaci | Öffnungszeiten Do–So 10.30–16.30 Uhr | Tipp Beim Biscottificio Collu in der Via Roma 20 gibt es typisch sardisches Gebäck zu kaufen (Mo–Fr 7.30–13 und 16.30–20 Uhr, Sa 7.30–13 Uhr).

85 Der Damm von Santa Chiara

Eingeweiht von König Vittorio Emanuele III.

Bei der Ankunft auf dem Gelände rund um den Damm von Santa Chiara, der am größten Stausee Sardiniens, dem Lago Omodeo, liegt, beobachten die tierischen Bewohner neugierig, wer das Areal betritt. Weißstörche schlagen hier ihr Revier auf und sind mit etwas Glück gut zu beobachten. Karpfen und Flussbarsche springen fröhlich über die Wasseroberfläche, auf der sich die unbeschreiblich schöne und unberührte Natur spiegelt.

Dieser verwunschene Ort erzählt eine über 100 Jahre alte Geschichte. Auf den ersten Blick wirkt das Bauwerk alt und unbedeutend, doch darunter ist eine steile Wand verborgen, die über 70 Meter tief hinab ins Tal führt und den Damm für einige Zeit zum höchsten der ganzen Welt machte. Die Bauarbeiten begannen im Jahr 1918 und dauerten ungefähr sechs Jahre, bis der Damm schließlich am 28. April 1924 von König Vittorio Emanuele III. eingeweiht wurde. 16.000 Arbeiter waren am Bau beteiligt, die ersten 400 waren österreichische Gefangene.

Eine Besonderheit dieses Ortes ist die Villa Capo Centrale, auch Casa Fantasma (Geisterhaus) genannt. Sie taucht je nach Wasserstand in den Lago Omodeo ab und wieder auf. Das Haus wurde 1920 für zwei Familien gebaut, die Familie des Chefingenieurs und die des Vize-Chefs. Es wurden sogar zwei Kinder in dem Haus geboren, das über sämtlichen Komfort und Luxus verfügte, den es in dieser Zeit gab. Es diente einzig und allein dem Zweck, beiden Familien die Möglichkeit zu geben, vor Ort zu sein, um die Bauarbeiten zu beaufsichtigen. Das blieb so bis 1968, dann zogen die Familien weg. Nachdem das Haus noch ein Jahr als Kommandozentrale der Carabinieri von Ulà Tirso gedient hatte, wurde es verlassen und ausgeplündert und steht seitdem leer.

Adresse Diga Santa Chiara, Via Fiume, 09081 Ulà Tirso | Anfahrt SS 131, Ausfahrt Paulilatino / Santu Lussurgiu, weiter auf SP 11, nach zwölf Kilometern rechts auf SP 74, nach 300 Metern wieder rechts | Tipp Nur einige Kilometer entfernt, in der Via Alcide de Gasperi 1 in Busachi, befindet sich das sardische Trachtenmuseum (Tel. +39/340/2607197).

86 Die Isola dei Sapori

Das einzigartige Trüffelerlebnis

Versteckt auf einer Hochebene befindet sich die winzige Gemeinde Santa Sofia, die Anfang der 50er Jahre gegründet wurde. Genau dort, umgeben von einem bemerkenswerten Wald, hat sich ein besonderes Familienunternehmen einen Namen gemacht und beglückt die Gaumen vieler Menschen. 2016 gründete die Familie Carta das landwirtschaftliche Unternehmen »Isola dei Sapori«, das auf die Verarbeitung sardischer Trüffeln spezialisiert ist. Was es außerdem einzigartig macht, ist die Verwendung von eigenen oder ausschließlich lokalen Produkten. Gemüse wird beispielsweise auf offenen Feldern ohne Düngemittel und Chemikalien angebaut.

Alles wird mit viel Sorgfalt und Liebe zum Detail verarbeitet, um ein perfektes Ergebnis bieten zu können. Die Trüffelsuche erfolgt mit ausgebildeten Hunden in der Umgebung von Sarcidano. Wer etwas Besonderes erleben möchte, kann an einer solchen Wanderung teilnehmen und anschließend die Ausbeute bei einem gemeinsamen Mittagsmenü genießen. Am Nachmittag wird bei einer zweistündigen Führung durch die Fabrik die Verarbeitung der Trüffel und die Herstellung der verschiedenen Produkte erklärt. Marco ist ein sympathischer Kerl, der sich gern viel Zeit für seine Kunden nimmt.

Der Ausstellungsraum ist nicht sehr groß, beherbergt aber viele Köstlichkeiten, darunter Gemüsecremes mit Trüffeln, Trüffelhonig und Trüffelöle. Die harte und mühsame Arbeit hat sich gelohnt, und die Philosophie des Verzichts auf chemische Stoffe ist zu einem Markenzeichen geworden. Mittlerweile kaufen die besten Restaurants der Insel ihre Trüffeln bei Familie Carta, aber auch nationale Supermarktketten sind bereits auf das Unternehmen aufmerksam geworden.

Das wahre Sardinien ist genau das: Mitten im Nirgendwo verbirgt sich etwas Einzigartiges, das oft nur durch Zufall zu finden ist. Die Isola dei Sapori ist so ein Ort mit einer besonderen Geschichte.

Adresse Borgata Santa Sofia, 09090 Laconi, www.isoladeisaporisardegna.com | Anfahrt SS 442 Laconi und Uras, nach 14,7 Kilometern links auf SS 128 Centrale Sarda, nach 1,8 Kilometern rechts auf SP 52, den Schildern nach Santa Sofia / Aritzo folgen, nach 7,4 Kilometern rechts auf SP 52, Isola dei Sapori nach 650 Metern rechts | Öffnungszeiten Mo – Sa 8.30 – 13 und 16 – 19 Uhr | Tipp Der Parco di Funtana Is Arinus in Isili ist ein schöner Park für die ganze Familie mit beeindruckenden Landschaften und zahlreichen Wasserfällen.

87 La Cascata Sos Molinos

Der idyllische Wasserfall

Gut getarnt von einer dichten Vegetation, zwischen den beiden alten Dörfern Bonarcado und Santu Lussurgiu gelegen, erklingt in einem tiefen Tal das Rauschen des Wassers. Der Wasserfall Sos Molinos gehört zu den schönsten auf der Insel. Das Wasser stürzt auf fünf Stufen aus knapp 30 Meter Höhe ins Tal, in ein etwa sieben Meter breites Becken. Ein sehr idyllischer Ort mitten in der Natur. Der Wasserfall kann das ganze Jahr über besucht werden. Vom Parkplatz geht es über einen steilen Weg etwa 240 Meter hinunter ins Tal. Auf der ersten Hälfte der Strecke läuft man entspannt, dann wird der Weg abenteuerlicher, und der weitere Abstieg wird deutlich anspruchsvoller. Man steigt über Treppen aus Naturstein mit unregelmäßiger Stufenhöhe und -tiefe. Auch wenn das ein wenig anstrengend ist – am Wasserfall angekommen, wird man mit einem traumhaften Naturspektakel belohnt.

Es gibt zahlreiche Sitzmöglichkeiten an den Felsen, die den Wasserfall umgeben. Nachdem man die Augen geschlossen und das Rauschen des Wassers für einige Zeit auf sich hat wirken lassen, sollte man die Umgebung von Sos Molinos genießen. Hier findet man Abenteuer pur, wie bei Indiana Jones, völlig abgeschieden von der Außenwelt zwischen hohen Bäumen. Ein idealer Ort für ein Picknick mit der Familie. Die Plätze sind zwar begrenzt, aber mit etwas Glück ist nicht viel los, und es bietet sich die Möglichkeit, die Atmosphäre voll und ganz zu genießen. Im Frühjahr duftet es nach Eichen und bunten Blumen, unter anderem sind wilde Orchideen zu sehen sowie Lorbeerbäume, für die die Gegend bekannt ist. Im Hochsommer sorgt der Ort für eine angenehme Abkühlung, denn wenn man das Auto auf dem Parkplatz bei sehr hohen Temperaturen verlassen hat, erwartet einen im Tal eine angenehme Frische.

Der Name Sos Molinos (die Mühle) stammt aus vergangenen Zeiten, denn hier befand sich früher eine alte Mühle.

Adresse SP 15, 09070 Santu Lussurgiu | Anfahrt SS 131, Ausfahrt Bonarcado, der Beschilderung nach Bonarcado/Santu Lussurgiu folgen, Wasserfall auf der rechten Seite an der SP 15 Richtung Santu Lussurgiu, nur durch eine kleine Parkbucht zu erkennen, schlecht ausgeschildert; für Menschen mit Gehbehinderung nicht geeignet | Tipp Die Selleria Spanu in der Via dei Monti Lussurgesi 5 in Santu Lussurgiu ist ein Paradies für Pferdeliebhaber. In diesem Geschäft werden seit 1923 Sättel, Zaumzeug und Geschirre von Hand hergestellt.

88 Die Destillerie

Eine im Keller entstandene Idee wird Wirklichkeit

Carlo Pische, ein gebürtiger Sarde aus Santu Lussurgiu, ist mal wieder von Autos, Schrauben und Motoren umgeben. Als guter Mechaniker fehlt es ihm nicht an Arbeit. An seinem freien Tag besucht er seinen Freund in den Kellerräumen, in denen einst der bekannte Käse Casizolu hergestellt wurde. Bei der Verkostung von hausgemachten Produkten wie Wein, Salami, Käse und Aquavit meinte Carlo voller Enthusiasmus: »Wir Sarden können so viel, wissen so viel und vermarkten uns so schlecht. Es muss sich etwas ändern!« Santu Lussurgiu war bereits im 19. Jahrhundert bekannt für den Cognac der Destillerie Meloni, der 1896 sogar die Auszeichnung als bester Cognac Italiens erhielt.

Die Idee, diese Tradition nicht aussterben zu lassen und eine eigene Destillerie zu eröffnen, ließ Carlo nicht mehr los. Zunächst ging er von Tür zu Tür und fragte die Älteren des Dorfes, was sie von seinem Vorhaben hielten. Er wurde von allen Seiten bestärkt und gründete 2003 sein eigenes Label »Distillerie Lussurgesi«. Carlo nur auf den Erfolg seiner Destillerie zu reduzieren täte ihm unrecht, denn er ist ein Liebhaber der sardischen Geschichte und Kultur und hegt eine große Leidenschaft für Details. Deshalb hat auch die Gestaltung seiner Produkte für ihn eine besondere Bedeutung.

Markenzeichen seiner Produktreihe »Acquavite« ist zum Beispiel das Symbol der sardischen Krieger »Arcieri« aus der nuraghischen Zeit. Auch die Frauen würdigt er, denn schließlich waren sie es, die früher die Spirituosen brannten, während die Männer die Ernte einholten. Heute noch hat der Begriff »hausgemacht« einen hohen Stellenwert, nach wie vor werden auf Sardinien Brot, Nudeln, Wein, Liköre, Gebäck und vieles mehr selbst hergestellt. »Femmina« (Frau) heißt deshalb eine weitere Produktreihe. Dass seine Produkte so gefragt sind, ist neben der Qualität auch der Bodenständigkeit zu verdanken, die Carlo sich all die Jahre bewahrt hat.

Adresse Via Molinu Entu 8, 09075 Santu Lussurgiu, www.distillerielussurgesi.it | Anfahrt SS 131, Ausfahrt Bonarcado, auf SP 11 und weiter auf SP 65, nach 9,6 Kilometern links auf SP 15, der Beschilderung nach Santu Lussurgiu folgen, nach 2,1 Kilometern links auf Via Giovanni Maria Angioi, dann rechts auf Via Molino Entu, Destillerie auf der rechten Seite | Tipp Das Hotel Antica Dimora del Gruccione in der Via Michele Obinu 31 verfügt über eine lange Familientradition, ein bezauberndes Ambiente und wunderbares Essen.

89 Das verlassene Hospital

Auf Geisterjagd zwischen chirurgischen Werkzeugen

Ein gruseliger Ort befindet sich in der Nähe des Parco Leonardo. Wo einmal Soldaten behandelt wurden, verfällt seit 1986 mitten im Wald auf knapp 700 Meter Höhe das ehemalige Militärkrankenhaus San Leonardo. Die Stille der Natur wird beim Betreten des Gebäudes durch die plötzliche Flucht einiger aufgeschreckter Mäuse gestört. Es genügt das Knarren einer Tür, um die eigene Phantasie anzuregen. Die mystische Atmosphäre ist förmlich zu spüren. Noch heute liegen im Speiseraum zahlreiche Tabletts, Bestecke und Gläser. In der ehemaligen Krankenhausküche stehen ein gusseiserner Herd und zahlreiche Küchengeräte. Das lässt erahnen, welche Mengen hier einmal gekocht wurden. Im Aufnahmebüro erwarten die Besucher ein alter Schreibtisch mit Schreibmaschine, ein Stuhl und ein Sofa sowie ein Aktenschrank, in dem noch heute zahlreiche Unterlagen vorhanden sind – fast so, als wäre das Zimmer gestern erst verlassen worden. Im Nebengebäude war die alte Wäscherei untergebracht, auch hier sind noch alle Maschinen und Geräte vorhanden.

Einen wahrhaftig bleibenden Eindruck hinterlässt der verrostete Operationstisch mit den notwendigen Gerätschaften. Die Atmosphäre zwischen medizinischen Werkzeugen, Patientenbetten und alten Akten gleicht der eines Horrorfilms. Das Krankenhaus wurde 1948 erbaut und war das fünfte Notfall-Militärkrankenhaus auf Sardinien. Es war ausgestattet mit einem Kino, einem Speisesaal, einer Kantine, einer Bar, zahlreichen Erholungsräumen und sogar einer Kapelle mit drei Gebetsbänken.

Seit 1985 wird es nicht mehr genutzt, es verfiel Jahr für Jahr mehr, und wurde schließlich zur Ruine. Der beste Drehort, um Furcht einflößende Geschichten zu erzählen. Das verlassene Krankenhaus ist sehr beliebt bei Geisterjägern und Schrottsammlern, aber vor allem auch bei Lost-Places-Liebhabern, die sich für die spannende Historie des verlassenen Ortes interessieren.

Adresse Ex Ospedale Militare, Parco di San Leonardo di Siete Fuentes, Largo dell'Antico Ospedale, 09075 Santu Lussurgiu | Anfahrt von Santu Lussurgiu auf SP 19 Richtung San Leonardo, Ex Ospedale am Ortseingang auf der linken Seite, versteckt in einem dichten Wald | Tipp Nur 100 Meter entfernt befindet sich der Parco di San Leonardo di Siete Fuentes, ein idealer Ort, um mit der Familie einen schönen Tag zwischen Einheimischen zu verbringen. Der Park ist bekannt für seine sieben Brunnen.

90 Der Lago di Baratz

Der einzige natürliche See Sardiniens

Die Sarden können sich über knapp 300 Sonnentage pro Jahr freuen, für nordeuropäische Besucher ist das eine beeindruckende Zahl. Auch wenn die Insel vom Meer umgeben ist, stellt sich bei so viel Sonne die Frage: Bekommt die Natur auch genügend Wasser? Es gibt 14 Flüsse – der mit 152 Kilometern längste ist der Tirso – und 39 Seen. Das besondere an den Seen ist, dass nur einer davon natürlichen Ursprungs ist: der Lago di Baratz. Er liegt in der Provinz Sassari nördlich von Alghero. Die hohen Sanddünen des Strandes von Porto Ferro machen den Zufluss von Salzwasser unmöglich, und somit ist er nicht nur der einzige natürliche See, sondern noch dazu der einzige Süßwassersee Sardiniens.

Er ist nicht groß, seine Uferlinie zählt gerade einmal zwölf Kilometer, und er wird ausschließlich von Regenwasser gespeist. Eine kleine Oase der Ruhe in unberührter Natur, mit viel Vegetation und einer unbezahlbaren Aussicht. An den See grenzen dichte Wälder und der Strand von Porto Ferro. Er ist ein perfektes Ausflugsziel, denn der Wald verfügt über einige Picknickplätze mit Tischen und Stühlen, auf denen Kinder unbeschwert toben können. Am See sind kurze Wanderwege ausgeschildert, die durch eine einzigartige, abwechslungsreiche Natur mit Libellenschwärmen, hohen Pinien und dichten Eukalyptuswäldern führen. Mit etwas Glück lassen sich die verschiedenen Vogelarten, die im Gebiet des Lago di Baratz leben, beobachten.

Die Legende des Sees besagt, dass die alte punische Stadt von Baratz in den Tiefen des Sees versunken ist und man abends, wenn der Wind über den See zieht, die Geister hört, damit die Geschichte nicht in Vergessenheit gerät. Der See schließt an den Naturpark Porto Conte an und wurde von der Europäischen Union als »Lebensraum von gemeinschaftlichem Interesse« anerkannt. Man braucht manchmal nicht viel, um schöne Eindrücke zu erleben – es reicht ein kleiner See.

Adresse SP 69, 07100 Sassari | Anfahrt SS 131 Carlo Felice, Ausfahrt Alghero, weiter auf SS 291var della Nurra bis Ausfahrt Aeroporto, weiter auf SP 55bis Richtung Grotte di Nettuno, nach 2,2 Kilometern rechts auf SP 69 und anschließend der Via dei Fenicotteri / SP 118 folgen, 500 Meter bis zum Ziel | Tipp Das Weingut Cantina Santa Maria La Palma in der Via Zura in Santa Maria La Palma verfügt über einen nett eingerichteten Verkaufsraum und bietet guten Wein und regionale Spezialitäten (www.santamarialapalma.it).

91 Die Antiochusquelle

Wie ein kleiner botanischer Garten

Mitten in einem grünen Paradies, umzingelt von jahrhundertealten Korkeichen, Oliven- und Eukalyptusbäumen, fließt eine der wichtigsten Quellen im Gebiet des Montiferro. Die Quelle von Sant'Antioco wurde nach dem ersten christlichen Märtyrer und dem Gründer der ersten sardischen christlichen Gemeinde »Scanu Montiferro« benannt. Sant'Antioco (Antiochus) soll der Legende nach ein Arzt gewesen sein, der zahlreiche Menschen zum Christentum bekehrte und daraufhin mit Zwangsarbeit in den Minen der Insel Sulcis bestraft wurde. Dort errichtete er angeblich eine unterirdische Kapelle, nachdem er seinen Aufseher Cyriacus bekehrt hatte, bevor er letztendlich zum Tode verurteilt und auf der Insel hingerichtet wurde.

Die wunderschöne Naturquelle, die sich über acht Becken erstreckt, versorgt mit einer Kapazität von 150 Litern pro Sekunde zahlreiche umliegende Dörfer mit Trinkwasser und gehört zu den größten der Region. Sie befindet sich knapp sieben Kilometer von Scanu Montiferro entfernt. Rings um die Quelle wurde von der Gemeinde ein Park mit mehreren Steintischen und -bänken sowie Grillstationen errichtet. Mit Familie und Freunden lässt sich hier ein gemütliches Picknick in prachtvoller Natur genießen, das Rauschen der Quelle im Hintergrund. Am Wochenende treffen sich sardische Familien im Park und bereiten auf traditionelle Art Spanferkel zu. Die Frauen decken den Tisch, die Männer bereiten das Fleisch zu und singen sardische Lieder.

Oberhalb der Quelle liegt die alte Chiesa di Sant'Antioco, die im Jahr 1636 erbaut wurde. Neben der Kirche stehen kleine Häuschen, deren Funktion darin bestand, Pilger und Gläubige zu beherbergen, die während des Festes des heiligen Antioco in der Ortschaft bleiben wollten. Bis heute kommen dreimal im Jahr – in den Monaten April, August und November – zahlreiche Besucher zu den Festlichkeiten und Zeremonien.

Adresse 09078 Scano di Montiferro | Anfahrt SS 131, Ausfahrt Macomer, weiter auf SS Ex 131 Richtung Macomer, am Ortsausgang auf SP 43 Richtung San Leonardo, bei der ersten großen Kreuzung rechts auf SP 78, 3. Ausfahrt rechts nehmen und der Beschilderung nach Sant'Antioco folgen | Tipp Das Gigantengrab »Pedras Doladas« liegt auf dem namensgebenden Hügel in Scano di Monteferro und wurde um 1850 entdeckt.

92 La Rocca

Das Feenhaus mitten im Ort

Sardinien zeichnet sich unter anderem durch sein reiches Kulturerbe aus, das über die ganze Insel verteilt zu finden ist. Oft in der wilden Natur, ab und zu auch zugänglicher, wie das Feenhaus in Sedini nordöstlich der Provinzhauptstadt Sassari. Die kleine Gemeinde hat kunsthistorisch und kulturell viel zu bieten.

Im Herzen der Gemeinde steht »La Rocca«. Dabei handelte es sich ursprünglich um eine in den Stein gehauene Nekropole mit Felsengräbern, sogenannten Domus de Janas, die auch als Feengräber bekannt sind. Ihr Ursprung geht auf die Ozieri-Kultur (3200–2800 vor Christus) zurück. Heute befindet sich ein Museum darin. »La Rocca« hat drei besondere Merkmale: Die Nekropole befindet sich an der Hauptstraße des Ortes und nicht wie in den meisten Fällen in schwer erreichbarem Gelände. Es handelt sich um einen imposanten, aufrechten Felsen, dessen ursprünglicher Charakter trotz verschiedener Nutzungsarten über Jahrtausende beibehalten werden konnte. So diente er beispielsweise im 1. Jahrhundert nach Christus als Gefängnis.

Erst in den 90er Jahren wurde »La Rocca« von der Gemeinde erworben und über die Jahre in ein ethnografisches Museum verwandelt. Es ist nicht besonders groß, doch die Eindrücke sind überwältigend. Es lohnt sich, auch den Rest von Sedini und die Nachbargemeinde Anglona zu erkunden. Zwischen Wandmalereien, Kirchen und dem schönen Platz an der Hauptstraße, der sich Parco di Sedini nennt, gibt es viel zu sehen. Der Parco di Sedini ist der ideale Ort, um diese kleine, sympathische Gemeinde auf sich wirken zu lassen. Vorab ist ein Abstecher in den traditionellen Tante-Emma-Laden namens Abozzi Market zu empfehlen. Nach einem Besuch im Park bietet es sich an, die im gotisch-aragonischen Baustil gehaltene Pfarrkirche Sant'Andrea aus dem 16. Jahrhundert zu besichtigen sowie die Kirche der Madonna del Rosario aus dem 17. Jahrhundert.

Adresse Via Nazionale 35, 07035 Sedini | Anfahrt SS 131 Carlo Felice, Ausfahrt Olbia / Aeroporto / Tempio, Richtung Tempio / Ploaghe fahren und die SS 672 Sassari – Tempio nehmen, Ausfahrt Laerru, dann zur Località Carrucana, nach 1,2 Kilometern leicht rechts, nach zwei Kilometern links auf SS 127 Settentrionale Sarda, nach drei Kilometern scharf rechts auf SS 134 di Castelsardo, 8,7 Kilometer bis zum Ziel | Tipp Das Ristorante Cross County in der Frazione Littigheddu bietet landestypische Spezialitäten und eine traumhafte Aussicht über das Tal bis zum Meer (Tel. +39/388/4007652).

93 Die Flumendosa-Brücke

Das symbolische Bauwerk

Seulo liegt im Herzen von Sardinien, weit weg vom Zauber des Meeres und dem touristischen Trubel an der Küste. Hier erstreckt sich eine weitläufige Naturlandschaft entlang des Gennargentu, des höchsten Gebirges der Insel. Die Gegend ist dicht bewachsen mit jahrhundertealten Wäldern, in denen zahlreiche Tiere ihr Zuhause gefunden haben. Spektakuläre Wege und Straßen durchqueren sie, eine davon ist die SP 8, die die beiden Ufer des Flusses Flumendosa und damit die Orte Gadoni und Seulo über eine Brücke miteinander verbindet. Die Straße wurde erst im Jahr 1970 gepflastert. 1982 begannen die Bauarbeiten der imposanten neue Brücke »Ponte sul Flumendosa«, die im Jahr 1986 ihr Ende fanden.

Die alte Brücke Ponte 'e Ferru wurde damit ersetzt, die neue wurde zum Prestige-Viadukt Italiens und ist mit ihren 120 Metern Höhe eine der höchsten Brücken Europas. Die Einwohner von Seulo und Gadoni konnten sich freuen, denn der Weg zwischen den beiden Orten verkürzte sich um etwa drei Kilometer, aber vor allem muss man seit dem Bau nicht mehr durch eine Reihe gefährlicher Spitzkehren fahren. Die Brücke liegt auf elf mächtigen Pfeilern, ist über 500 Meter lang und führt über den darunterliegenden Fluss Flumendosa, der mit 122 Kilometern der zweitlängste Fluss Sardiniens ist.

Die Aussicht von der Brücke ist atemberaubend, und bei langsamer Fahrt kann man noch die alte Straße sehen, die gut erkennbar ist und ein nostalgisches Gefühl erweckt. Sie wurde 1866 gebaut und seitdem kaum verändert. Die neue Brücke ist eingebettet in die beeindruckende Vegetation und wirkt in dieser Umgebung beinahe wie aus der Zukunft geholt: modern und innovativ. Ein Besuch der zwei Städte Gadoni und Seulo lohnt sich. Gadoni ist unter anderem für seine Walnüsse, Kirschen und Kastanien bekannt. Seulo hingegen hat durch seine hervorragenden Weine Berühmtheit erlangt.

Adresse 08030 Seulo | Anfahrt SP 8, der Beschilderung Richtung Gadoni und Seulo folgen, Brücke zwischen den beiden Orten | Tipp Die natürlichen Schwimmbecken »Is Caddaias« und »Sa Pischedda« sind auf einer Wanderung von der SP 8 aus erreichbar. Beschilderung vor Ort beachten!

94_Die Straße der Schilder

Rot und Weiß, so weit das Auge reicht

Wer auf der Suche nach einem bizarren Fotomotiv ist, ist in Silanus richtig. Die kleine Gemeinde am Fuß des Monte Arbo mit traumhaftem Ausblick und rund 2.000 Einwohnern liegt in der Provinz Nuoro, nur einige Kilometer von Macomer entfernt. Silanus bietet einige Sehenswürdigkeiten, die jedoch mitunter gar nicht so leicht zu finden sind. Dazu gehören der heilige Brunnen »Pozzo Sacro di Cherchizzo«, die Nuraghen »Sa Maddalena« und »Madrone« sowie die Nuraghe und die Kirche »Santa Sabina«. Der Boden in dieser Gegend ist sehr fruchtbar, sodass viele Getreidefelder, Olivenhaine und Obstgärten zu finden sind. Die Menschen leben von der Landwirtschaft und Viehzucht, aber auch von den schönen Teppichen und den köstlichen Backwaren, die sie herstellen. Das Käsesortiment erstreckt sich von Pecorino über Ricotta bis hin zu Casizolu. Bei einem Besuch des Festes »Sagra de Su Ischidu«, das jedes Jahr im Mai stattfindet, werden all diese Köstlichkeiten angeboten.

Der Ort verbirgt außerdem etwas sehr Skurriles und Lustiges. Wer mit dem Auto von der Via Delrio Quirico in die Via Ferrucci abbiegt, befindet sich im Stoppschild-Wahnsinn. Rot und Weiß, so weit das Auge reicht. Auf weniger als 400 Metern stehen hier 13 Stoppschilder, denn jede noch so kleine Straße wurde mit einem Schild versehen. Alles begann im Jahr 2017, als der Bürgermeister entschied: Schluss mit den »Wheelies« der Motocross-Maschinen oder Motorroller! Denn niemand beachtete die Vorfahrt, und viele Einwohner beschwerten sich über den Lärm. Dass es jedoch zu solch drastischen Maßnahmen kommen würde, hätte keiner gedacht, und der Anblick ist nun vielen ein Dorn im Auge. Ob die 13 Stoppschilder beachtet werden, ist eine andere Frage. Eines aber ist sicher: Diese Besonderheit wird dazu führen, dass für lange Zeit bei jedem Halt an einem Stoppschild die Erinnerung an Silanus geweckt werden wird.

Adresse Via Ferrucci, 08017 Silanus | Anfahrt SS 131 Carlo Felice, Ausfahrt SP 57, an der Gabelung rechts halten, weiter auf SP 57, leicht rechts auf SS 129 Trasversale Sarda und anschließend rechts auf Ex SS 129, 350 Meter weiter auf Corso Vittorio Emanuele, rechts in die Via Delrio Quirico und wieder rechts in die Via Ferrucci | Tipp Der Agriturismo Bonu Suile in der Località Caramarzos ist wunderschön gelegen und verfügt über einen großen Pool. Morgens und abends gibt es abwechslungsreiche Gerichte (Tel. +39/346/2298862).

95 Das Castello di Acquafredda

Die Burg auf dem Vulkan

Historische und archäologische Funde gehören zu den Wahrzeichen der Insel: von Nuraghen, Tempeln und Gigantengräbern über Feengräber und römische Siedlungen bis hin zu Burgen. Letztere sind in den meisten Fällen strategisch platziert, doch auch hier gibt es Unterschiede. Das Castello di Acquafredda wurde auf dem Gipfel eines Berges erbaut, der vulkanischen Ursprungs ist und einen freien Blick bis zur vier Kilometer entfernten Stadt Siliqua bietet. Es wird vermutet, dass die Burg aus dem Jahr 1215 stammt, da sie in einer päpstlichen Urkunde erwähnt wurde. Erst im Jahr 1257 ließ der berühmte pisanische Adlige Ugolino della Gherardesca, Graf von Donoratico, sie zu einer Festung ausbauen. Ugolino entstammte einer sardischen Familie und wurde im Jahr 1257 von der Stadtrepublik Pisa mit der Verwaltung der Minen in Iglesias und des alten Judikats Cagliari beauftragt.

Nachdem die Aragonesen die Pisaner 1326 als Herrscher und Schlossherren abgelöst hatten, ging es mit der vermutlich seit 1410 unbewohnten Anlage bergab. Sie wechselte noch einige Male den Besitzer, bis sie um 1785 an den König von Sardinien, Viktor Amadeus III. von Savoyen, verkauft wurde. Zur endgültigen Aufgabe der Burg kam es im 19. Jahrhundert, sie blieb seitdem ungenutzt und verfiel zunehmend. Im Jahr 2005 wurden bei Ausgrabungen interessante Funde gemacht. Es handelt sich um drei menschliche Skelette aus dem Mittelalter, die nach Schätzungen zum Zeitpunkt ihres Todes zwischen 35 und 45 Jahre alt waren. Das Castello di Acquafredda gehört zu den größten Burgruinen der Insel.

Vom Parkplatz geht man ungefähr 30 Minuten. Oben angekommen, bietet sich dem Besucher ein traumhafter Blick. Die Geschichte der Burg ist vielfältig, von Kämpfen über Eroberungen bis hin zu Feierlichkeiten hat sie viel erlebt.

Adresse SS 293 di Giba, Kilometer 35, 09010 Siliqua | Anfahrt SS 131 Carlo Felice, Ausfahrt Samassi, SS 293, der Beschilderung Richtung Carbonia folgen, nach 30,2 Kilometern rechts, nach 3,2 Kilometern im Kreisverkehr 2. Ausfahrt nehmen, ein Kilometer bis zum Ziel | Öffnungszeiten täglich 9.30–17.30 Uhr, Besuch mit oder ohne Führung möglich | Tipp Es wird vermutet, dass die Chiesa campestre di Santa Margherita an der SP 2 aus dem 16. Jahrhundert stammt. Die Kirche wurde im Jahr 1758 auf Kosten des Adligen Don Gaetano Cardia wiederaufgebaut.

96 Das Castello di Sassai

Die Legende vom goldenen Webstuhl

Im Süden der Insel liegt das kleine Dörfchen Silius mit circa 1.129 Einwohnern. Viele Besucher verirren sich nicht hierher, denn es ist 45 Kilometer von der Küste entfernt. Aus diesem Grund sind das Schloss von Sassai und dessen Legende den meisten unbekannt. Von den zahlreichen bis heute erhaltenen und den verfallenen Burgen Sardiniens wurden 83 im Mittelalter erbaut, doch nur 39 davon haben eine Legende zu erzählen. Das Schloss Sassai stammt aus dem 12. Jahrhundert und befindet sich auf einem Hügel, 430 Meter über dem Meeresspiegel, zu Füßen des Dorfes Silius.

Nach dem Rückgang des byzantinischen Einflusses auf der Insel schufen die byzantinischen Richter vier von Konstantinopel unabhängige, souveräne Königreiche: Cagliari, Torres, Gallura und Arborea. Diese Reiche wurden »Giudicati« genannt. Die Burg von Silius wurde im Auftrag der Richter von Cagliari als Grenzburg zum Judikat von Arborea errichtet. Im Jahr 1353 wurde sie vom Richter Mariano IV. von Arborea und seinen Soldaten massiv attackiert und erobert.

Diverse Dokumente und Gegenstände, die später entdeckt wurden, führten zur Legende des goldenen Webstuhls. Diese besagt, dass die Frau des Richters von Sassai einen kostbaren goldenen Webstuhl besaß. Als die Kämpfer von Arborea die Burg angriffen, brachen sie das Tor des Raumes auf, in dem der Webstuhl aufbewahrt wurde, töteten den Kastellan und vergruben den Webstuhl. Sein Rahmen wurde bei späteren Ausgrabungen gefunden. Die Soldaten des Schlosses sollen ihn vor der Ankunft der Partisanen aus Arborea an der Stelle vergraben haben, an der heute der einzige Feigenbaum der Gegend steht.

Ob sich unter dem Feigenbaum wirklich der goldene Webstuhl befindet, wollen die Einheimischen gar nicht wissen, denn die Geister der Vergangenheit soll man nicht wecken. Wer hierherreist, kehrt mit der Legende im Herzen zurück.

Adresse Strada Comunale Silius–Ballao, 09040 Silius | **Anfahrt** SS 131 Carlo Felice, Ausfahrt Nuraminis, weiter auf SP 33 und SS 128 Centrale Sarda, dann SP 23 und SP 25 bis Strada Comunale Silius–Ballao in Silius | **Öffnungszeiten** jederzeit öffentlich zugänglich | **Tipp** An der Außenfassade der Biblioteca Comunale di Silius »Egidio Porru« in der Via Rinascita 42 befindet sich ein wunderschönes Wandgemälde. Es zeigt eine Frau in sardischer Tracht, die Mineralien aus der Mine Muscadroxiu in den Händen hält.

97 Il Faro di Capo Comino

Der weiße Leuchtturm

Eingebettet in die grüne und felsige Landschaft erhebt sich auf 26 Metern über dem Meeresspiegel der weiße Leuchtturm von Capo Comino, der bereits aus der Ferne gut auszumachen ist. Kormorane stehen auf der vor ihm liegenden Felswand, als wollten sie nach dem Rechten sehen. Der Leuchtturm wurde 1903 erbaut und 1925 von der königlichen Marine übernommen. Das imposante Gebäude ist 20 Meter hoch, sein Lichtsignal reicht 15 Seemeilen weit, also knapp 28 Kilometer. Die wahre Schönheit des Ortes ist jedoch erst zu erkennen, wenn man sich ihm nähert. Der atemberaubende Blick auf das kristallklare Wasser, das einen bis zum Meeresboden blicken lässt, und die beeindruckenden Dünen machen Capo Comino zu einem unverwechselbaren Flecken Erde.

Auch Graffiti-Künstler haben den Ort für sich entdeckt und hier einen römischen Krieger sowie Zeus, den Göttervater, hinterlassen. Der Schotterweg, der bis zum Leuchtturm führt, verläuft durch die schöne Küstenlandschaft. Die Küste bietet Abenteurern diverse Attraktionen, denn nur einige hundert Meter vom Ufer entfernt befinden sich zahlreiche Wracks auf dem Meeresboden: von französischen Militärflugzeugen, die 1963 ins Meer stürzten und später von Fischerbooten zum Strand gezogen wurden, über das Wrack des deutschen Kriegsschiffes KT-12, das 1942 sank, bis zu den Überresten einer antiken römischen Flotte aus der Zeit Kaiser Neros. Freunde des Tauchsports kommen hier also ebenfalls voll auf ihre Kosten. Aber auch für Fahrradtouren eignet sich die Gegend: die frische, salzige Luft, das Meer, kaum Fahrzeuge – es gibt viel zu entdecken!

Der alte Leuchtturm von Capo Comino ist eines der berühmtesten Monumente in diesem Teil der Insel, und er gehört zur Gemeinde Siniscola. Diese reicht von den herrlichen Stränden von La Caletta, Berchida und Capo Comino bis zum Monte Albo mit seinem staatlichen Wald.

Adresse Strada per Faro Vecchio di Capo Comino, 08029 Siniscola | Anfahrt SS 131, Ausfahrt Siniscola / Orosei, weiter auf SP 12, nach 4,7 Kilometern rechts auf SS 125 Orientale Sarda, nach 12,1 Kilometern links, nach 1,2 Kilometern weiter auf Strada per Faro Vecchio di Capo Comino, Leuchtturm nach 2,4 Kilometern auf der linken Seite | Tipp Das Meeresfrüchte- und Fischrestaurant »Il Moletto« liegt in der Via del Faro 15 direkt am Meer und besticht mit einem vielfältigen Angebot (Tel. +39/328/7774311).

98 Der Lago Mulargia

Ein Ort, der die Seele reinigt

In der herrlichen Landschaft Zentral-Südsardiniens, eingebettet zwischen den Bergen Su Rei und Moretta, liegt der künstliche See Mulargia. Charakteristisch für ihn sind die schroffen Ufer und das frische, glitzernde Wasser, in dem sich der Himmel spiegelt. Der Lago Mulargia ist 13 Quadratkilometer groß und an seiner tiefsten Stelle 80 Meter tief. Die durchschnittliche Tiefe beträgt 25,55 Meter. Entlang des Sees findet man zahlreiche Wege, die zum Spazieren in einer Oase der Ruhe einladen, umgeben von einem Ökosystem, das von zahlreichen Vögeln, aber auch Schildkröten und Süßwasserfischen belebt wird. Das Gebiet ist reich an archäologischen Überresten. Der See entstand zwischen 1951 und 1958, als der Riu Mulargia aufgestaut wurde, um das Wasser im anliegenden Flussbett Flumini Mannu zu sammeln und die Versorgung der Hauptstadt Sardiniens sowie weiterer 29 Gemeinden zu sichern.

Damals hätte niemand gedacht, dass durch die Erschaffung dieses Stausees eine so atemberaubende Kulisse entstehen würde. Die dichte Vegetation breitet sich von den Bergen bis zum Ufer aus, um in den Tiefen des Sees zu versinken. Auch der gigantische, 99 Meter hohe Damm »Diga del Mulargia« ist eine imposante Erscheinung. Der See hat viel zu bieten, von der Kanu- oder Bootstour bis hin zum Baden über den Ruinen vergangener Zeiten. Jedes Jahr finden Ruder- und Angelwettbewerbe statt.

An den Lago Mulargia grenzen die Gemeinden Orroli, Goni, Nurri und Siurgus Donigala. Siurgus Donigala bietet zwei Plätze mit Bänken und Tischen und einem faszinierenden Blick auf den See. In der Gemeinde Orroli befindet sich die Nuraghe Arrubiu, die für ihre rötliche Farbe bekannt ist. Goni ist berühmt für den archäologischen Park »Pranu Muteddu«.

Besucher, die es entspannt und gemütlich mögen, können diverse Übernachtungsmöglichkeiten direkt am Seeufer nutzen.

Adresse 09040 Siurgus Donigala | Anfahrt SS 131, Ausfahrt SS 197/SS 293, SS 293 Richtung Samassi/Furtei, nach 1,2 Kilometern an der Gabelung links halten, weiter auf SS 293 di Giba, nach 650 Metern SS 197 di San Gavino e del Flumini, dann der SP 36 und SP 6.8 bis zum Ziel folgen | Tipp Das Ristorante Il Vicoletto in der Via Giuseppe Verdi ist eine tolle Location mit hervorragender Küche (Tel. +39/070/989689).

99 La Regina della Pace

Die Treppe der Beichte

Feiner Sand, das Rauschen des Meeres, die Sonne, die das Wasser zum Glitzern bringt, das sind nur einige Impressionen der Küste von Arbatax. Doch wie sieht diese Welt von oben aus?

Zwischen Landstraßen und Dörfern verstecken sich atemberaubende Aussichtsmöglichkeiten, zwischen Villanova Strisaili und Talana führt die Straße durch unberührte Natur, vorbei an den natürlichen Becken und Wasserfällen »Bau Mela« und »Bau Radulu«. Entlang der Strecke grasen Kühe, Esel, Ziegen und Schweine, die auch gern mitten auf der kurvenreichen Straße stehen, wobei es mitunter einige Zeit dauern kann, bis sie Platz machen. Weiter geht es vorbei an archäologischen Gebieten und Gigantengräbern. Die Gegend hat viel zu bieten. Doch wir widmen uns dem Aussichtspunkt von Talana, der sich sechs Kilometer oberhalb der Gemeinde befindet und auch unter dem Namen »La Regina della Pace« – die Friedenskönigin – bekannt ist. Von den Dorfbewohnern wird er auch als »Treppe der Beichte« bezeichnet.

Die Aussicht von der Hochebene ist unvergleichlich, das Tal des Riu Pramaera liegt den Besuchern zu Füßen, und der Blick wandert über das Vorgebirge von Arbatax und die gesamte Küste bis zum Meer. Ein Meisterwerk der Natur. Ein massives Monument aus Stein, auf dem als Wahrzeichen der Insel die sardische Flagge abgebildet ist, steht auf der Hochebene, als wollte es den Stolz der Sarden auf ihre einzigartige, schöne Heimat zum Ausdruck bringen.

Die Statue der Friedenskönigin ziert einen kleinen Turm hinter einer Verglasung und ist über eine Treppe zu erreichen. Einheimische nutzen den Ort, um in absoluter Stille ihre Beichte abzulegen. Am Fuß der Säule haben sie ein Schild angebracht, auf dem Folgendes zu lesen ist: »Hier ist die Leiter der Sünde, hier ist mein Vertrauen, hier ist der ganze Grund für meine Hoffnung.« Der Ort vereint Religion, Heimat, Ruhe und ein traumhaftes Panorama.

Adresse 08040 Talana | Anfahrt SS 389var di Buddusò e del Correboi, Ausfahrt Talana/ Passo Correboi, nach 290 Metern rechts, nach 3,5 Kilometern links, nach neun Kilometern leicht links, Ziel nach 850 Metern auf der linken Seite | Tipp »S'Arcu e is Forros« an der SS 389var di Buddosò e del Correboi, bei Kilometer 41.200, war in der Nuraghenzeit eines der wichtigsten Zentren der Metallbearbeitung.

100 Der Sternzeichen-Brunnen

Das Element Wasser steht im Vordergrund

Tinnura bewahrt zwischen den wundervollen Wandmalereien ein ganz besonderes Kunstwerk. In der Via Giorgio befindet sich der einzige Sternzeichen-Brunnen Sardiniens. Das außergewöhnliche Kunstwerk wurde im Jahr 2004 vom Bildhauer Simplicio De Rosas geschaffen. Es besteht aus Basaltfiguren, die die zwölf Tierkreiszeichen in einem v-förmigen Becken darstellen. Brunnen und Wasserstellen gibt es in Tinnura einige. Nur eine Straße weiter, auf der Piazza del Sole, steht ein Brunnen, der eine Frauenfigur zeigt, die traditionelle Körbe flechtet.

Tinnura ist ein Ort der Wandmalereien und der authentischen künstlerischen Ausdrucksformen. Das nette, kleine und gepflegte Dörfchen, das an eine Open-Air-Kunstgalerie erinnert, liegt nur wenige Kilometer entfernt von der Stadt Bosa in der Provinz Oristano im Westen Sardiniens. Bereits beim Durchfahren sind links und rechts wunderschöne Wandmalereien (Murales) zu sehen. Man kann förmlich spüren, wie wichtig es den 247 Einwohnern ist, ein adrettes Umfeld zu bewahren. Die Häuser sind liebevoll mit bunten Blumen geschmückt.

Gegenüber vom Rathaus ist ein Porträt von Giuseppe Garibaldi zu bewundern. Es wurde im Jahr 2011 von der Künstlerin Pina Monne anlässlich des 150. Jahrestages der Vereinigung Italiens angefertigt. Die Pfarrkirche ist der heiligen Anna geweiht. Das Gebäude stammt aus dem 17. Jahrhundert, seine Struktur ist recht einfach, aber es hat einen sehr eleganten Glockenturm mit roten Backsteinbändern. Das Hauptfest des Dorfes ist der heiligen Anna gewidmet und zieht jedes Jahr viele Besucher an, neben religiösen Ritualen werden dann auch traditionelle Lieder und Tänze aufgeführt. Die Eindrücke des Ortes lässt man zum Abschluss am besten in der Bar-Vineria »A Casa Mia« in der Via Nazionale 69 auf sich wirken.

Adresse Via Giorgio, 08010 Tinnura | Anfahrt SS 131, links auf SS 129, bis Trasversale Sarda Macomer / Bosa, der Beschilderung Richtung Bosa / Suni folgen, links auf Circonvallazione Sud Richtung Tresnuraghes, Porto Alabe, zwei Kilometer bis Tinnura | Tipp In unmittelbarer Nähe befindet sich das nächste von Kunst geprägte Dorf namens Flussio.

101 Der Torronificio Pruneddu

Auf den Spuren des Torrone

Auf dem Weg zu diesem traditionsreichen Produkt geht es auf der Landstraße durch Mandel- und Nussbaumwälder in die Barbagia. Die Rede ist vom Torrone (Honignugat), der in den Orten Tonara, Desulo und Aritzo noch von Hand hergestellt wird. Wenn es um die Produktion von Torrone auf Sardinien geht, ist Tonara mit Sicherheit die erste Adresse, gefolgt von den in der Nähe liegenden Dörfern Desulo und Aritzo. Tonara befindet sich auf 1.000 Höhenmetern, zwischen ausgedehnten Wäldern, in denen die Luft besonders gut ist. Hier hat Salvatore Pruneddu 1963 seine Nugatfabrik »Torronificio Pruneddu« gegründet und unter anderem den spanischen Nugat nach Sardinien gebracht. Doch Salvatore entwickelte ein Rezept, das sich von dem spanischen, bei dem mit Zucker gearbeitet wird, unterschied. Sein Torrone sollte nicht weiß, sondern elfenbeinfarben sein wie Honig, und Honig wurde auch zur Hauptzutat neben Nüssen und Mandeln.

Mittlerweile sind fast 60 Jahre vergangen, und trotz Modernisierung wird beim Torronificio Pruneddu noch immer nach dem alten Rezept gearbeitet. Natürlich gibt es eine Vielfalt an Geschmacksrichtungen, dafür sorgt mittlerweile die neue Generation. Die Brüder Antonello, Fabrizio und Gianfranco Pruneddu, die Söhne des Gründers, verwenden verschiedene Honigsorten, getrocknete Früchte, Nüsse und auch Kräuter wie zum Beispiel Thymian. Mit ihren verschiedenen Variationen wollen sie auch ihren Vater ehren, und mit jedem Bissen in ein Stück Torrone schmeckt man die Aromen Sardiniens. In die Fabrik ist auch ein Showroom integriert, in dem mit viel Sorgfalt und Liebe die Produkte des Unternehmens ausgestellt sind. Natürlich kann man sie hier auch direkt kaufen.

Der Torrone hat eine lange Tradition: Das historische Archiv von Cagliari gab erst kürzlich bekannt, dass zahlreiche Dokumente aufgespürt wurden, die belegen, dass bereits im Jahr 1614 Nugat auf Sardinien produziert wurde.

Adresse Via Ingegnere Porru 13, 08039 Tonara | Anfahrt SS 131, Ausfahrt Ghilarza, weiter auf SP 15 und anschließend SP 31, dann auf SP 4 wechseln, nach 2,2 Kilometern rechts, nach 2,5 Kilometern rechts auf SP 31, nach 4,7 Kilometern links auf SS 128 Centrale Sarda, nach sechs Kilometern rechts auf SS 295, der Via Dante für 2,5 Kilometer folgen, dann in Via Ingegnere Porru | Tipp Das Ristorante Il Castagneto in der Via Muggianeddu 2 bietet gute traditionelle Küche (Tel. +39/078/4610005).

102 Der walförmige Fels

Mit jeder Flutwelle stößt er eine Fontäne aus

Das kleine Dorf Torre del Pozzo mit seinen knapp 40 Einwohnern befindet sich an der Westküste Sardiniens in perfekter Lage direkt am Wasser und ist umgeben von wilder Schönheit: Klippen, Meer und Natur, so weit das Auge reicht. Namensgebend waren die zwei Hauptsehenswürdigkeiten des Ortes: ein Turm (Torre) und ein Brunnen (Pozzo). Der an der Felsklippe gelegene Turm stammt aus dem 6. Jahrhundert und diente als Abwehrturm zum Schutz vor Eindringlingen. Nur wenige Meter entfernt steht der antike, 15 Meter tiefe Brunnen. Bei hohem Wellengang schießt das Wasser bis zu zehn Meter aus ihm heraus. Von der Strandpromenade im Nachbarort S'Archittu aus betrachtet, ähnelt die Felsformation, auf der sich Turm und Brunnen befinden, einem Wal, deswegen wird sie von den Einheimischen auch »La Balena« (Der Wal) genannt.

Das Meer, das hier auf die Felsen trifft und das Wasser den Brunnen hinauftreibt, bis es auf beeindruckende Weise nach oben schnellt, rauscht kraftvoll. Links vom Felsen erstreckt sich über sieben Kilometer der herrliche Strand von Is Arenas, gesäumt von einem Kiefern- und Wacholderwald. Der Strand ist bekannt für das Vorkommen zahlreicher und vor allem großer Muscheln. Bei hohem Wellengang sollte man am Strand und vor allem beim Baden aufgrund der starken Unterwasserströmung jedoch sehr vorsichtig sein. Besonders beliebt ist der Ort bei Anglern, die frühmorgens und abends ihre Angeln in einer Reihe aufstellen und darauf warten, dass ein Fisch anbeißt.

An windigen Tagen fliegen die Düfte der einmaligen Vegetation durch die Luft. Sie mischen sich mit denen des Restaurants Il Capitano, das seine Besucher einlädt, kulinarische Köstlichkeiten zu probieren, vor allem den frischen Fisch. Man speist hier vor einer atemberaubenden Kulisse mit Blick aufs Meer. Diese Ortschaft zu besuchen ist ein Muss, nur vorbeizufahren ist nicht möglich!

Adresse 09073 Torre del Pozzo | Anfahrt SS 131, Ausfahrt Bauladu, auf SP 15, nach 750 Metern links auf SP 14, Ausfahrt SP 13, links auf Via Cairoli / SP 13, nach 240 Metern links auf Via Umberto / SP 11, nach einem Kilometer leicht rechts auf Strada di collegamento SS 292/SP 11, nach 7,1 Kilometern rechts auf SS 292 Nord Occidentale Sarda | Tipp Die Ausgrabungsstätte Cornus in Santa Caterina di Pittinuri zeigt die Reste der punischen Stadt aus dem 6. Jahrhundert vor Christus. Sie war das Zentrum des sardisch-punischen Widerstands gegen die Römer.

103_Die Faraglioni von Cea

Die majestätischen roten Felsen

Die besonderen Felsformationen, die hier aus dem Meer ragen, sind das Symbol des über einen Kilometer langen Sandstrandes von Cea. Ein Besuch ist ein Muss, wenn man sich in Tortolì befindet. Der Strand zeichnet sich durch feinen weißen Sand aus, der sich so weit ausdehnt, dass die von Wind und Wetter geformten roten Felsen den Küstenabschnitt wie eine Märchenbucht wirken lassen. Auf Sardisch werden sie »Is Scoglius Arrubius« genannt. Sie bestehen aus Porphyr. Durch das kristallklare Meerwasser bilden die Felsen mit ihren ungewöhnlichen Farben einen außergewöhnlichen Kontrast. Das Ganze wird eingerahmt von der dichten mediterranen Vegetation, die das i-Tüpfelchen für ein perfektes Bild darstellt – als hätte ein Künstler hier sein Meisterwerk geschaffen.

Obwohl die roten Felsen mit ihren maximal 20 Meter Höhe der Hingucker sind, sollte man wissen, dass sich der sanft abfallende Strand für den perfekten Badespaß mit der Familie eignet. Auch die Schnorchelausrüstung darf nicht fehlen, denn die Unterwasserwelt rings um die Felsen ist atemberaubend. Durch ihre Schönheit könnte man glatt vergessen, dass man sich im Meer befindet, die Szenerie scheint eher wie ein großes Landscape-Aquarium. Die neugierigen Mönchsfische und Meerjunker schwimmen um einen herum, aber auch der Meerpfau, der aufgrund seiner Farben an tropische Gefilde erinnert, lässt sich immer wieder blicken. Fehlt nur noch Arielle, die Meerjungfrau, die auf den roten Felsen sitzt.

Die besondere Farbgebung und die wunderschöne Vegetation wirken wie eine Filmkulisse. An windigen Tagen ist dieser Strand ein Mekka für Surfer. Einfach vorbeizufahren ist hier nicht möglich, es zieht einen förmlich ins Wasser, um sofort zu den roten Felsen zu schwimmen. Ein gastronomisches Angebot ist vorhanden, und wer nicht zu den Felsen schwimmen möchte, kann sich ein Tretboot ausleihen.

Adresse Cea, Mar Tirreno, 08048 Tortolì | Anfahrt SS 125 Orientale Sarda bis Via del Muflone in Bari Sardo, links auf Via del Muflone, nach 2,9 Kilometern links auf Spiaggia di Cea, noch 220 Meter bis zum Ziel | Tipp Der archäologische Park »S'Ortali 'e su Monti« in der Strada Consorziale Cortiaccas ist täglich außer montags von 8.30 bis 13.30 Uhr geöffnet. Hier werden drei Jahrtausende Geschichte erzählt.

104 Il Torre di San Gemiliano

Ehemaliger Verteidigungsturm

An der Spitze der beliebten Ferienbucht von Porto Fraili, wo Villen mit Swimmingpools die Landschaft prägen, steht einsam auf 42 Metern über dem Meeresspiegel der Turm von San Gemiliano. Der Turm ist über einen kurzen Schotterweg zu erreichen. Er ist zwölf Meter hoch, stammt aus dem 16. Jahrhundert und diente bis Ende des 18. Jahrhunderts zur Verteidigung. Mit einer freien Sicht von fast 25 Kilometern aufs offene Meer hinaus war er dafür ideal.

Heute darf man ihn gratis besichtigen und über zwei schmale Metalltreppen erklimmen. Oben angekommen, fällt der Blick auf smaragdgrünes Wasser, bunte Häuser und hohe Palmen – eine karibische Atmosphäre. Rechts vom Turm reicht die Aussicht vom langen, feinen Sandstrand Lido di Orrì bis zum Strand von Cea. Ein Naturschauspiel, das besonders an windigen Tagen dazu einlädt, die Augen zu schließen und die Geräusche der Natur zu genießen: Wind, Meeresrauschen, den Klang der Möwen. Links von San Gemiliano schweift der Blick nach Arbatax und Tortolì.

Der Turm stand in direktem Sichtkontakt mit dem Turm von Barì (Bari Sardo) und dem leider nicht mehr existierenden Turm von Bellavista. Die Küstentürme Sardiniens hatten bis zur Mitte des 19. Jahrhunderts alle dieselben Funktionen: Verteidigung, Sichtung und Kommunikation. Der erste dokumentierte Angriff geschah im Jahr 705, in der Zeit der byzantinischen Herrschaft. Die Überfälle hatten schwere Folgen, neben beträchtlichen Verlusten an Gütern forderten sie auch etliche Menschenleben. Dutzende Männer und Frauen wurden entführt und zu Sklaven gemacht. San Gemiliano wurde im Jahr 1798 nach einem Blitzeinschlag, der die obere Etage spaltete, restauriert. Doch aufgrund seiner frei stehenden Lage an der Küste dauerte es nicht lange, bis er schließlich 1842 nochmals von einem Blitz getroffen und schwer beschädigt wurde. Dieses Mal kümmerte sich niemand um seine Restaurierung.

Adresse Via San Gemiliano, 08048 Tortolì | Anfahrt von Norden kommend über die SS 389var di Buddusò e del Correboi, von Süden kommend über die SS 125 Orientale Sarda | Tipp Die Rocce Rosse Arbatax in der Via Lungomare in Arbatax sind hohe rote Granitfelsen, die diesem Ort ein einzigartiges Aussehen verleihen.

105 Le Cascate di Lequarci

Das Naturwunder

Im Herzen der Ogliastra, nicht weit entfernt von Ulassai, erhebt sich eine atemberaubende Hochebene aus roten Kalkfelsen, von der sich bei längeren Regenfällen die Wassermassen des majestätischen und eindrucksvollen Wasserfalls »Cascate di Lequarci« in die Tiefe stürzen. Er fällt über mehrere Stufen fast 100 Höhenmeter herab und bildet stromabwärts weitere kleine Fälle. Der Wasserfall ist 70 Meter breit und umgeben von üppiger Vegetation und zahlreichen Quellen. Es ist immer wieder ein Naturspektakel, wenn sich nach dem Regen die Sonne durch die grauen Wolken schiebt und ein wunderschöner Regenbogen mit magischen Farben erscheint. Das macht die Atmosphäre zu einer ganz besonderen. Der Wasserfall wird ausschließlich durch Regen gespeist, deshalb versiegt er in den Sommermonaten.

Nur sieben Kilometer entfernt liegt das von Landwirtschaft und Viehzucht geprägte Dorf Ulassai, das unter anderem für ausgezeichnete Cannonau-Weine aus dem Valle del Pardu sowie für den Corbezzolo-Honig, der aus den Früchten des Erdbeerbaums hergestellt wird, bekannt ist. Weitere Attraktionen sind die Höhlen »Is Lianas« und »Su Marmuri«, die zu den größten Europas gehören. Die Fahrt nach Ulassai lohnt sich allein schon deswegen. Doch damit nicht genug: Hier warten außerdem noch zwei besondere Museen auf Besucher. Zum einen das Freilichtmuseum für Gegenwartskunst, zum anderen das Museum für zeitgenössische Kunst, die Stazione dell'Arte, in der Werke der international bekannten Künstlerin Maria Lai (1919–2013) ausgestellt sind. Die Künstlerin überließ dem Museum ungefähr 140 ihrer bedeutendsten Arbeiten. Das Museum für Gegenwartskunst vereint hingegen lokale Architektur, Natur und Kunst.

Ein Besuch des Wasserfalls lässt sich übrigens wunderbar mit einer anschließenden Wanderung zur Grotte »Su Marmuri« verbinden, deren Eingang sich direkt über dem Wasserfall befindet.

Adresse Località Santa Barbara, 08040 Ulassai | Anfahrt SS 131, Ausfahrt Nuoro/Tortolì, der Beschilderung Richtung Mamoiada folgen, weiter auf SS 389var di Buddusò e del Correboi, weiter Richtung Lanusei, der SS 198 di Seui e Lanusei folgen, nach 13,6 Kilometern SP 11 bis Località Santa Barbara Ulassai, noch 11,6 Kilometer bis zum Ziel | Tipp Das Waschhaus »Lavatoio Comunale di Ulassai« in der Via Monsignor Depau ist das Wahrzeichen des Ortes. Es wurde zwischen 1903 und 1905 erbaut.

106 Cuore Mio

Das etwas andere Ortsschild

Ortsschilder sehen meist ähnlich aus und unterscheiden sich nur hin und wieder in den Farben. Eines ist sicher: Sie sind stets am Ortseingang und am Ortsausgang platziert. Nicht so in Ulassai. Das Ortsschild hier befindet sich nicht nur an einer besonderen Stelle, sondern hat es sogar bis nach Rom geschafft – anlässlich der Eröffnung der Ausstellung der aus Ulassai stammenden Künstlerin Maria Lai »Tenendo per mano il sole« im Jahr 2020. Der Künstler, der diese einfache und zugleich grandiose Idee hatte, ist Marcello Maloberti. Das Schild sollte den Eingang zur Ausstellung darstellen und wurde von zwei Sicherheitsbeamten gehalten. Eine Geste zu Ehren von Maria Lai, die ihrem Heimatort Ulassai sehr verbunden war und ihm zahlreiche künstlerische Schätze hinterließ, obwohl sie viele Jahre ihrer Karriere in Rom verbracht hat.

Marcello Maloberti gab seiner Aktion den Namen »Cuore Mio« (»Mein Herz«), inspiriert von einer Geschichte von Salvatore Cambosu (»Miele Amaro«, 1954), in der die Protagonistin Maria Pietra in Stein verwandelt wird, um ihr geliebtes Kind vor der ewigen Verdammnis zu retten. Das Schild sollte natürlich seinen endgültigen Platz in Ulassai bekommen. Inspiriert worden war Maloberti durch Lais Meisterwerk »Binding to the mountain« von 1981, in dem sie die Berge ihres Dorfes durch bunte Seile in den Farben Blau und Weiß sowie Rot und Grün mit den Häusern verband, als Zeichen der Vereinigung von Mensch und Natur. Und so wurde das Ortsschild in den Bergen von Ulassai senkrecht angebracht, wie eine Fahne, die als Verbindung zwischen Himmel und Erde schwebt.

Dank der Unterstützung der Fondazione Stazione dell'Arte wurde es in die öffentliche Kunstsammlung des Freilichtmuseums Maria Lai aufgenommen, zu dem unter anderem das »Lavatoio«, der mit Fäden umsponnene Waschplatz des Dorfes, gehört. Fäden spielten in Lais Kunst stets eine große Rolle.

Adresse Via Santa Croce 46, 08040 Ulassai | Anfahrt SS 131 Diramazione Centrale Nuorese, Ausfahrt Tortolì / Nuoro, Richtung Mamoiada, weiter auf SS 389var di Buddusò e del Correboi Richtung Lanusei / Arzana, dann rechts auf SS 198 Seui und Lanusei, nach 13,6 Kilometern geradeaus auf SP 11, nach 4,9 Kilometern scharf rechts, nach 700 Metern rechts halten und weiter auf Via Santa Croce | Tipp Das Weingut Jerzu Antichi Poderi in der Via Umberto I in Jerzu ist eine Genossenschaft mit 430 Winzern. Besichtigungen und Degustationen sind nach vorheriger Anmeldung jederzeit möglich (Tel. +39/0782/70028 oder E-Mail: info@jerzuantichipoderi.it).

107 Die Gola di Gorropu

Die tiefste Schlucht Europas

Wer hätte das gedacht? Im Landesinneren, weit weg von türkisblauem Meer, traumhaften Stränden und ultramodernen Hotelanlagen, befindet sich der tiefste Canyon Europas, eine durch Erosion entstandene Schlucht, in der Gegend des Supramonte, zwischen den Orten Orgosolo und Urzulei. Knapp 13 Kilometer von Urzulei entfernt startet am Passo Genna Silana, der Abstieg zur »Gola di Gorropu«. Der Pass verfügt über einen großen Gratisparkplatz. Ein Hotel ist auch vorhanden, und es ist klug, eine Übernachtung einzuplanen, denn der Weg ist lang. Ohne Bergschuhe, Wasservorrat und Powerriegel empfiehlt sich der Start nicht. Die Wanderung wird leider von vielen Besuchern unterschätzt.

Die Vegetation besteht aus spektakulären Wacholderbäumen, Eiben, Steineichen, Oleander und Ginster. Das Gebiet ist der Lebensraum vieler sardischer Wildtiere wie des Steinadlers und des Mufflons. Den Beginn der Schlucht erreicht man in anderthalb bis zwei Stunden, der Höhenunterschied beträgt circa 700 Meter. Die Kulisse ist majestätisch und imposant, denn die Wände sind bis zu 500 Meter hoch. Der Mensch erscheint hier klein wie eine Ameise. Die Wassermengen des Flusses Riu Fiumineddu haben ihre Spuren hinterlassen und die emporragenden Kalksteinwände der Schlucht geprägt. Einen Helm zu tragen ist ebenfalls ratsam, denn überall sind Schilder mit dem Hinweis »caduta massi« (Steinschlaggefahr) angebracht.

An der Schlucht angekommen, besteht die Möglichkeit, diese für fünf Euro Eintritt zu besichtigen. Die Strecke ist in zwei Wege aufgeteilt: Den grüngelb markierten Weg erkundet der Besucher auf eigene Faust, den rot markierten hingegen ausschließlich mit einem professionellen Guide. Jeder Besucher kann nach Lust und Laune entscheiden, wie lange er sich in der Schlucht aufhalten möchte. Es sollte jedoch immer genügend Zeit für den Rückweg eingeplant werden.

Adresse Località Gorropu, SS 125 Orientale Sarda, Kilometer 190, 08040 Urzulei | Anfahrt SS 125 Orientale Sarda, bei Kilometer 190 von Norden kommend rechts, von Süden kommend links abbiegen und bis zum Parkplatz fahren, der Beschilderung Gola Gorropu folgen | Tipp Der Wasserfall »Sa Giuntura« liegt circa 1,5 Kilometer von der Gola di Gorropu entfernt und ist in 25 Minuten zu Fuß zu erreichen.

108 Sa Portiscra

Eine mystische Oase mitten in der Natur

Das Naturschutzgebiet »Area Faunistica di Sa Portiscra« erstreckt sich über eine Gesamtfläche von 28,971 Hektar. 4,554 Hektar nehmen allein die nuraghischen Siedlungen ein. Or Murales zählt zu den größten und außergewöhnlichsten Nuraghendörfern Sardiniens. Es stammt aus der Zeit um 1800 vor Christus.

Direkt beim Betreten des Parks kann man die Hirtenunterkünfte (Cuile) besichtigen. Diese Hütten stammen aus dem 18. Jahrhundert nach Christus, wurden aus Kalkstein errichtet und hauptsächlich mit Wacholderzweigen gedeckt. Als Wärme- und Grillstelle diente ein Feuer, das im Inneren der Hütte angezündet werden konnte. Eine faszinierende Oase mit einer atemberaubenden Vegetation von jahrhundertealten Eichen- und Wacholderbäumen bis hin zu verschiedenen Gräsern und mediterranen Pflanzen. Das Gebiet ist Lebensraum vieler Tierarten. Unter anderem haben sich hier Habichte, Königsadler, Wildschweine, Mufflons, Marder, Wildkatzen und Füchse angesiedelt.

Aufgrund der guten Bedingungen wurde das Gebiet als Standort für die Wiederansiedlung des sardisch-korsischen Hirsches im Supramonte genutzt, der durch intensive Jagd und Waldrodungen fast ausgestorben war. Direkt neben dem Forsthaus befindet sich die Futterstation für die Hirsche. Die beste Chance, die Tiere aus der Nähe zu beobachten, hat man bei einem Spaziergang durch den Wildpark. Mit einem Geländewagen ist die Oase gut befahrbar, andernfalls sollte das Auto vor dem Tor stehen gelassen werden. In der einzigartigen Vegetation verbirgt sich unter anderem die mystische Höhle »Grotta Su Crabargiu«, die auf den Hügeln des Flusses Bacu su Palu liegt. Der Eingang der Höhle ist sehr groß und wird von einem 700 Jahre alten Olivenbaum bewacht. Der Besuch der Höhle ist etwas für Fortgeschrittene und Trekking-Experten, die Stirnlampe darf hier nicht fehlen, und um die komplette Höhle zu erforschen, sind Seile nötig.

Adresse Località Sa Portiscra, bivio di Genna 'e Petta, SS 125 Orientale Sarda, 08040 Urzulei | Anfahrt SS 125 Orientale Sarda, bei Kilometer 87 von Norden kommend links, von Süden kommend rechts abbiegen | Tipp Urzulei ist eine schöne kleine Gemeinde. Die Via Leonardo da Vinci ist geprägt von historischen Wandgemälden, von denen jedes einzelne eine Botschaft übermittelt.

109 Das öffentliche Waschhaus

Ort für soziales Miteinander

Das öffentliche Waschhaus ist das größte und historisch bedeutendste Denkmal der Stadt Villacidro. Der Entwurf stammte von dem Ingenieur Enrico Pani. Nach seiner Realisierung konnte im Jahr 1893 die Einweihung gefeiert werden. Das Gebäude war sehr modern für die damalige Zeit. Das riesige Dach im Liberty-Stil (Jugendstil) wurde von sechs gusseisernen Säulen getragen. Dazu ein Dutzend Wannen mit Wasserhähnen – et voilà, das Werk war vollbracht und fand großen Zuspruch bei der Bevölkerung, vor allem bei den Frauen, die nicht mehr an den Fluss gehen mussten, um dort ihre Wäsche zu waschen.

Aus den anfänglich sechs Säulen wurden letztendlich 22. Das Dach schützte die 36 Waschbecken vor dem Regen. Um den Ort noch schöner zu gestalten, ließ Pani einen Brunnen aus Trachyt bauen, geschmückt mit einem Löwenpaar aus feinstem Marmor. Nach dem Ersten Weltkrieg kamen noch weitere Statuen hinzu, darunter zwei Meerjungfrauen und einige Engelsgesichter.

Wie auch viele andere Denkmäler auf Sardinien sollte diese funktionale und ökonomische Struktur der Bevölkerung der Stadt dienen und das soziale Miteinander stärken. Die Frauen kamen zum Waschen und Reden, die Männer trafen sich zum Plausch und die Kinder zum Spielen. Dieser Ort stehe für den ökologischen Fortschritt seiner Zeit, meinte der berühmte Schriftsteller Giuseppe Dessi, dessen Familie in Villacidro beheimatet war, in seinem Buch »Paese d'ombre« (Schattendorf). Sein Werk wurde 1972 mit dem Premio Strega ausgezeichnet, einem renommierten italienischen Literaturpreis, der alljährlich vergeben wird. Ein nostalgischer Ort, der sich inmitten des alten, zentralen Viertels »Frontera de sa Mitza« befand. Zu dem Komplex gehörten ursprünglich noch ein Schlachthof, einige Hütten für Tiere und eine Tränke.

Adresse Via Giuseppe Dessi 9, 09039 Villacidro | Anfahrt SS 131, Ausfahrt SP 4.7, Richtung San Gavino, nach sieben Kilometern weiter auf SP 4.9, nach 1,4 Kilometern im Kreisverkehr 2. Ausfahrt nehmen, dann weiter auf SP 61 bis Villacidro | Tipp In dem wunderschönen ethnografischen Museum »Casa Museo – sa Domu de su Giugi Leo« in der Via Lavatoio 14 begibt sich der Besucher auf eine Reise in die Vergangenheit.

110 Sa Spendula

Der Wasserfall schlechthin

Sa Spendula bedeutet übersetzt einfach Wasserfall. In der Gemeinde Villacidro befinden sich einige der atemberaubendsten und spektakulärsten Wasserfälle der Insel. Das Beste daran ist, dass Sa Spendula sehr gut zu erreichen ist, da dieses außergewöhnliche Naturspektakel nur einen Kilometer von Villacidro entfernt liegt. Der Rio Coxinas, der aus der gleichnamigen Hochebene herunterfließt, macht hier einen mächtigen Sprung. Sa Spendula besteht aus drei Kaskaden, ist ungefähr 60 Meter hoch und harmonisch eingebettet in eine wundervolle Natur. Weit weg vom Massentourismus lockt der Wasserfall dennoch zahlreiche Besucher an. Zur Höchstform gelangt er während der Regenzeit in den Herbst- oder Wintermonaten, doch auch im Sommer lohnt sich der Besuch, findet man hier doch Ruhe, Entspannung und eine wunderschöne Natur.

Doch was macht Sa Spendula außerdem so attraktiv? Es ist seine eindrucksvolle nächtliche Beleuchtung. Die Sterne und das Mondlicht spiegeln sich auf einzigartige Weise im Wasser. Im Jahr 1882 besuchte der Schriftsteller Gabriele D'Annunzio Villacidro und seine Wasserfälle. Sa Spendula beeindruckte ihn so sehr, dass er sogar ein Sonett darüber schrieb.

Mittlerweile hat die Gemeinde einen Parkplatz eingerichtet, von dem aus man in nur fünf Minuten zum Wasserfall gelangt. Bänke, Tische und eine Bar sind ebenfalls vor Ort. Es geht über einen liebevoll gestalteten Steinweg mit einer romantischen, leicht gebogenen Holzbrücke. Auf dem Weg vorbei an Steineichen, Erdbeerbäumen und den gelb und rot gefärbten, von Wind und Mutter Natur geprägten Felsformationen wird das Rauschen des Wasserfalls immer stärker. Ein echtes Naturschauspiel! Etwas schwieriger zu erreichen sind die beiden Geschwister-Wasserfälle Irgos und Muru Mannu im Naturschutzgebiet Monti Mannu. Muru Mannu gehört mit 70 Metern zu den höchsten Wasserfällen der Insel.

Adresse Strada per Sa Spendula e Villacidro, 09039 Villacidro | **Anfahrt** SS 131, Ausfahrt SP 4.7, den Schildern nach San Gavino folgen, nach sieben Kilometern weiter auf SP 4.9, nach 1,4 Kilometern im Kreisverkehr 2. Ausfahrt nehmen, nach 110 Metern auf SP 61 bis Villacidro, nach 750 Metern links auf Strada per Sa Spendula e Villacidro, nach 600 Metern rechts auf Via Sa Spendula | **Tipp** Die ehemalige Kaserne der berittenen Carabinieri in der Via Roma 146 ist eines der bedeutendsten Gebäude aus dem 19. Jahrhundert.

111 Die Naturschwimmbäder

Bau Mela, das versteckte Juwel

In der Nähe von Villagrande Strisaili bei Ogliastra wird Tradition großgeschrieben. Der Ort Villagrande Strisaili steht für ein langes Leben, denn er ist eine sogenannte »Blue Zone«. Das sind Regionen, in denen Menschen durchschnittlich viel länger leben als andernorts. Bisher wurden nur fünf Regionen weltweit zur Blue Zone erklärt. Das Konzept wird von dem Amerikaner Dan Buettner vertreten und wurde erstmals im Jahr 2005 der Öffentlichkeit vorgestellt. Doch abgesehen davon birgt das Umland der Gemeinde ein eindrucksvolles Juwel: die natürlichen Becken von Bau Mela. Allein der Weg dorthin ist atemberaubend schön. Es ist auf jeden Fall zu empfehlen, Schrittgeschwindigkeit zu fahren, denn hier gehört die Straße den Kühen, Ziegen und Schweinen. Definitiv eine Welt für sich!

Am Ziel angekommen, wird der Besucher von einem beeindruckenden Eichenwald begrüßt, der knapp 60 Meter ins Tal führt, wo sich eine Naturkulisse von unbeschreiblicher Schönheit ausbreitet. Eine Oase mit mehreren Wasserfällen, in der die Strömung des gleichnamigen Flusses die Granitsteine geformt hat und die Kaskaden diverse Becken erzeugen. Der erste Wasserfall füllt mit einer beeindruckenden Menge das größte Becken, während der zweite sich über mehrere Becken ergießt. Das Panorama ringsum gleicht einem Meisterwerk der Natur: Die durch Wasser und Strömung geschliffenen Steinblöcke, das kristallklare Wasser, der Duft der Macchia, das alles wirkt wie Balsam auf die Seele. Die Becken werden zudem eingerahmt von jahrhundertealten Wacholderbäumen.

Bau Mela ist der perfekte Ort, um zu entspannen, ein kühles Bad zu nehmen und zu wandern. Feste Schuhe sind nötig, und auch beim Baden im Naturbecken sollten geeignete Schuhe getragen werden, die einen guten Halt bieten. Vor Ort gibt es keine touristische Infrastruktur, das sollte bei einem Besuch berücksichtigt werden.

Adresse zwischen 08040 Villanova Strisaili und 08040 Villagrande Strisaili | Anfahrt SS 131, Ausfahrt Diramazione Centrale Nuorese, dann Ausfahrt Nuoro/Tortolì, der Beschilderung Richtung Mamoiada/Lanusei folgen, nach 40,5 Kilometern auf SS 389var di Buddusò e del Correboi, links Richtung Talana/Passo Correboi, nach 290 Metern rechts, nach 4,5 Kilometern rechts, 700 Meter bis zum Ziel | Tipp Sa Carcaredda in Villagrande Strisaili ist eine archäologische Stätte mit mehreren Gigantengräbern aus der Nuraghenzeit. Die Anlage ist sehr gut erhalten.

1

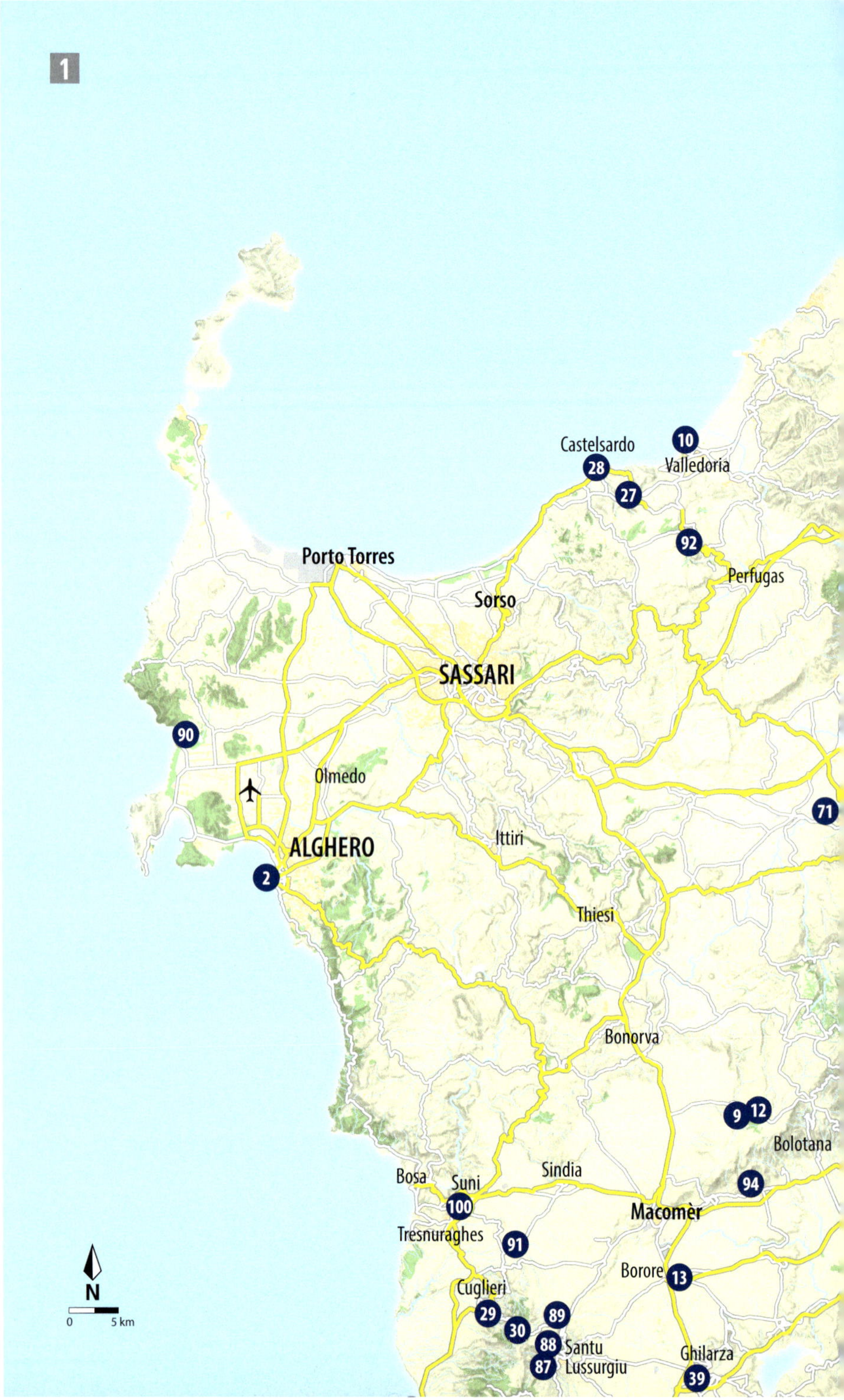
Castelsardo
Valledoria
Porto Torres
Sorso
Perfugas
SASSARI
Olmedo
ALGHERO
Ittiri
Thiesi
Bonorva
Bolotana
Bosa
Suni
Sindia
Macomèr
Tresnuraghes
Borore
Cuglieri
Santu
Lussurgiu
Ghilarza
N
0
5 km
10
28
27
92
90
71
2
9
12
94
100
91
13
29
30
89
88
87
39

2
La Maddalena
Palau
Arzachena
Olbia
Aggius
Tempio Pausania
Monti
Oschiri
Budoni
Posada
Ozieri
Buddusò
Siniscola
Bitti
Anela
Bono
Irgoli
Orosei
Nuoro
Dorgali
Oliena
Mamoiada
Ottana
Orgosolo
Gavoi
1
66
67
70
16
15
14
17
44
97
63
64
58
59
60
26
61
32
68
48
62
107
108
41
35

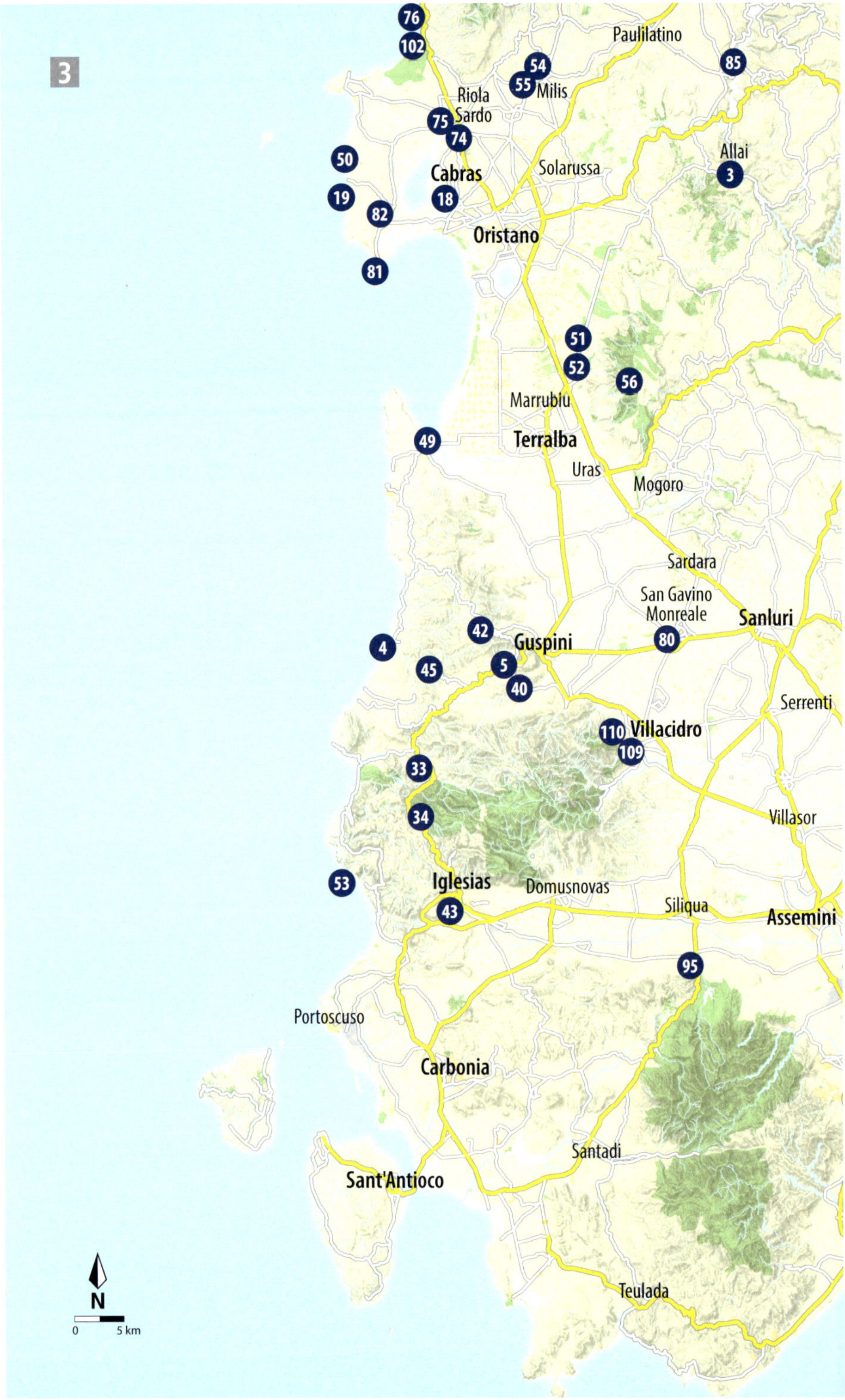

3
76
102
Paulilatino
54
55
Milis
85
Riola
Sardo
75
74
50
Cabras
Solarussa
Allai
3
19
18
82
Oristano
81
51
52
56
Marrubiu
49
Terralba
Uras
Mogoro
Sardara
San Gavino
Monreale
Sanluri
42
4
Guspini
80
5
45
40
Serrenti
110
Villacidro
109
33
34
Villasor
53
Iglesias
Domusnovas
43
Siliqua
Assemini
95
Portoscuso
Carbonia
Santadi
Sant'Antioco
Teulada
N
0
5 km

4
8
Austis
69
Ovodda
Tonara
101
31
36
Desulo
Urzulei
11
Talana
99
Baunei
111
6
Aritzo
Meana
Sardo
Tortolì
104
Lanusei
103
37
47
86
38
78
77
Sadali
106
105
93
Barumini
Orroli
Tertenia
72
Mandas
65
Escalaplano
98
Senorbì
96
79
San Nicolò
Gerrei
Muravera
Dolianova
84
San Sperate
83
Sestu
Sinnai
Selargius
CAGLIARI
20
21
22
23
24
25
46
7
Capoterra
Villasimius
Pula
73
57

Andreas Drouve
111 Orte am Jakobsweg, die man gesehen haben muss
ISBN 978-3-7408-1092-4

Rüdiger Liedtke
111 Orte auf Mallorca, die man gesehen haben muss
ISBN 978-3-7408-1532-5

Rolando Grumt Suárez
111 Orte in Barcelona, die man gesehen haben muss
ISBN 978-3-7408-0994-2

Veronika Wengert
111 Orte in Slowenien, die man gesehen haben muss
ISBN 978-3-7408-1083-2

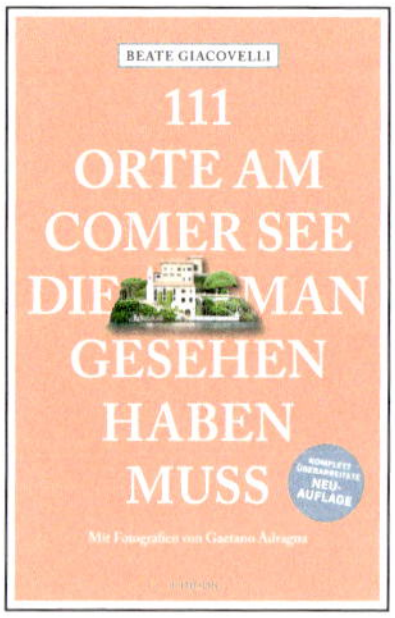

Beate Giacovelli
111 Orte am Comer See, die man gesehen haben muss
ISBN 978-3-7408-1201-0

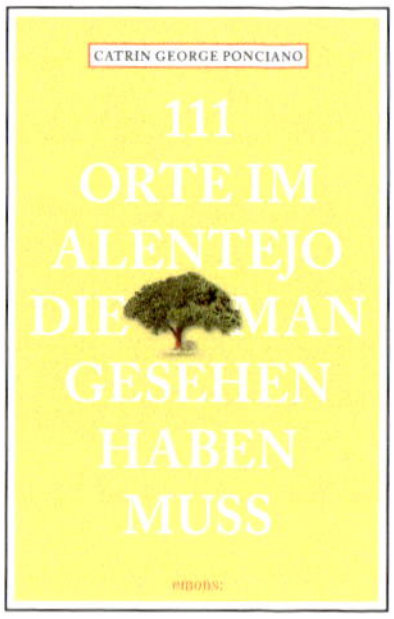

Catrin Ponciano
111 Orte im Alentejo, die man gesehen haben muss
ISBN 978-3-7408-1067-2

Kay Walter
111 Orte am Canal du Midi, die man gesehen haben muss
ISBN 978-3-7408-1086-3

Marcus X. Schmid
111 Orte in der Bretagne, die man gesehen haben muss
ISBN 978-3-7408-1371-0

Hilke Maunder
111 Orte in Toulouse, die man gesehen haben muss
ISBN 978-3-7408-1091-7

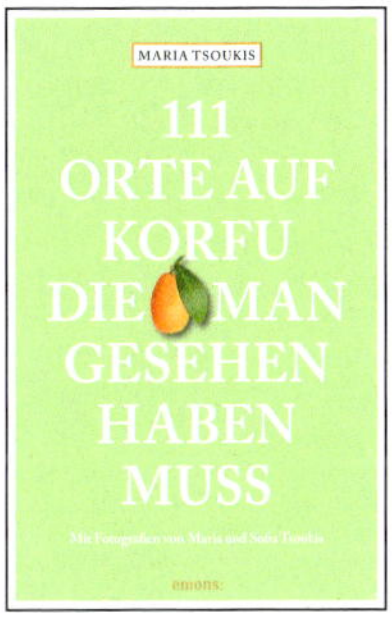

Maria Tsoukis
111 Orte auf Korfu, die man gesehen haben muss
ISBN 978-3-7408-1065-8

Patricia Szilagyi
111 extreme Orte in Europa, die man gesehen haben muss
ISBN 978-3-7408-0863-1

Dorothee Fleischmann, Carolina Kalvelage
111 Orte in Budapest, die man gesehen haben muss
ISBN 978-3-7408-0877-8

Rolando N. Grumt Suárez
111 Orte auf El Hierro, die man gesehen haben muss
ISBN 978-3-7408-0846-4

Carl Lang
111 Orte auf Lanzarote, die man gesehen haben muss
ISBN 978-3-7408-0836-5

Giulia Castelli Gattinara
111 Orte in Mailand, die man gesehen haben muss
ISBN 978-3-7408-0739-9

Andrea Livnat
111 Orte in Tel Aviv, die man gesehen haben muss
ISBN 978-3-7408-0725-2

Evelyn Pschak
111 Orte in den Pyrenäen, die man gesehen haben muss
ISBN 978-3-7408-0562-3

Franz Hlavac, Gisela Hopfmüller
111 Orte in Friaul und Julisch Venetien, die man gesehen haben muss
ISBN 978-3-7408-0575-3

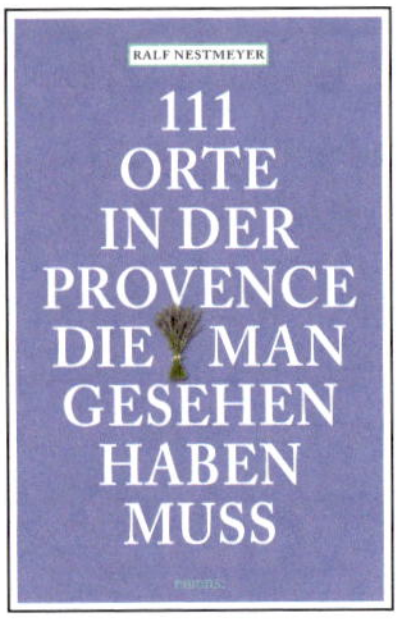

Ralf Nestmeyer
111 Orte in der Provence, die man gesehen haben muss
ISBN 978-3-95451-094-8

Ranka Keser
111 Orte in Kroatien, die man gesehen haben muss
ISBN 978-3-7408-0557-9

Alexia Amvrazi,
Diana Farr Louis, Diane Shugart
111 Orte in Athen, die man gesehen haben muss
ISBN 978-3-7408-0560-9

Petra Sophia Zimmermann
111 Orte am Gardasee und in Verona, die man gesehen haben muss
ISBN 978-3-95451-344-4

Natalino Russo
111 Orte in Neapel, die man gesehen haben muss
ISBN 978-3-7408-0478-7

Alessandro Martini,
Maurizio Francesconi
111 Orte in Langhe, Roero und Monferrato, die man gesehen haben muss
ISBN 978-3-7408-0474-9

Beate C. Kirchner
111 Orte in Florenz und im Norden der Toskana, die man gesehen haben muss
ISBN 978-3-95451-513-4

Laszlo Trankovits
111 Orte in Jerusalem, die man gesehen haben muss
ISBN 978-3-7408-0390-2

Rolando G. Suárez
111 Orte auf Gran Canaria, die man gesehen haben muss
ISBN 978-3-7408-0436-7

Sabine Gruber, Peter Eickhoff
111 Orte in Südtirol, die man gesehen haben muss
ISBN 978-3-95451-318-5

Annett Klingner
111 Orte in Rom, die man gesehen haben muss
ISBN 978-3-95451-219-5

Fabrizio Ardito
111 Orte auf Malta, die man gesehen haben muss
ISBN 978-3-7408-0356-8

Cornelia Ziegler
111 Orte auf Kreta, die man gesehen haben muss
ISBN 978-3-95451-540-0

Kathleen Becker
111 Orte in Lissabon, die man gesehen haben muss
ISBN 978-3-7408-0244-8

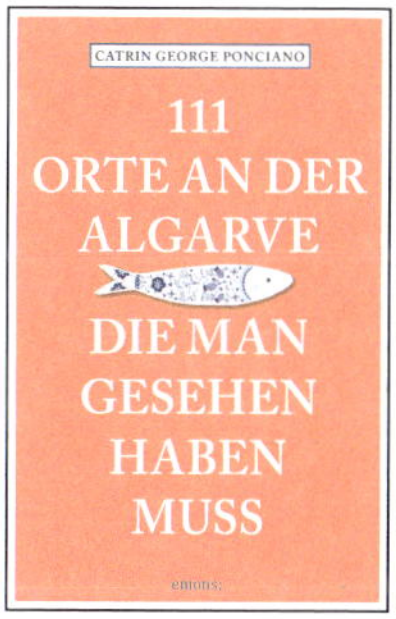

Catrin Ponciano
111 Orte an der Algarve, die man gesehen haben muss
ISBN 978-3-7408-0362-9

Marx de Morais
111 Orte in Turin und im Piemont, die man gesehen haben muss
ISBN 978-3-95451-736-7

Sibylle von Kapff, Gerhard von Kapff
111 Orte auf Teneriffa, die man gesehen haben muss
ISBN 978-3-95451-916-3

Kirsten Lux, Lisa Graf-Riemann
111 Orte auf La Palma, die man gesehen haben muss
ISBN 978-3-7408-0345-2

Federico Meloni (Autor und Fotograf) liebt seine Heimat Sardinien über alles und kennt jede noch so versteckte Naturschönheit. Nach zwölf Jahren bei der italienischen Marine kehrte er auf seine Insel zurück. Als Tourguide und Eventplaner zeigt er den Besuchern, dass Sardinien viel mehr als nur schöne Strände zu bieten hat.

Jana Meloni (Autorin) war nach ihrer Ausbildung zur Fremdsprachenkorrespondentin und ihrem Studium zur Betriebswirtin viele Jahre als Bildungsmanagerin tätig. Heute unterstützt sie ihren Ehemann bei der Touren- und Eventplanung und lebt auf Sardinien.